Saral Sarkar

Was ist Ökosozialismus?

Autoren und Herausgeber

Saral Sarkar, geb. 1936 in Indien; Germanist und Deutschlehrer. Seit 1982 lebt er als Publizist und politischer Aktivist in Köln. Im Auftrag der United Nations University schrieb er eine zweibändige Studie über die grüne Bewegung in Westdeutschland. In seinen beiden theoretischen Hauptwerken *Die nachhaltige Gesellschaft* und *Die Krisen des Kapitalismus* begründete er sein Verständnis von Ökosozialismus.

Jonathan Rutherford ist ein Beamter, der im australischen Bundesstaat Victoria lebt. Er hat einen Master-Abschluss in Umweltwissenschaften und hat mehrere Zeitschriftenartikel zu Themen im Zusammenhang mit Nachhaltigkeit und Klimawandel veröffentlicht. Außerdem veröffentlichte er gemeinsam mit seinem Vater einen Dialog über Theismus als Buch mit dem Titel *Beloved Father, Beloved Son: A conversation about faith between a bishop and his atheist son* („Geliebter Vater, geliebter Sohn: Ein Gespräch über den Glauben zwischen einem Bischof und seinem atheistischen Sohn"). Mit Saral Sarkar führte er eine intensive Online-Diskussion.

Bruno Kern, geb. 1958 in Wien, Theologe und Philosoph, lebt heute als freischaffender Lektor, Übersetzer und Publizist in Mainz. Seine wichtigsten Veröffentlichungen, die sich Sarkars Verständnis von Ökosozialismus verpflichtet fühlen, sind: *Das Märchen vom grünen Wachstum* und *Industrielle Abrüstung jetzt!*

Saral Sarkar

Was ist Ökosozialismus?

Mit einem Beitrag von Jonathan Rutherford

Herausgegeben und
aus dem Englischen übersetzt von Bruno Kern

Metropolis-Verlag
Marburg 2024

Bibliografische Information Der Deutschen Bibliothek
Die Deutsche Bibliothek verzeichnet diese Publikation in der Deutschen Nationalbibliografie; detaillierte bibliografische Daten sind im Internet über <http://dnb.ddb.de> abrufbar.

Metropolis-Verlag für Ökonomie, Gesellschaft und Politik GmbH
http://www.metropolis-verlag.de

ISBN 978-3-7316-1569-9

Inhalt

Vorwort

Der deutsch-indische Intellektuelle, Publizist und Aktivist Saral Sarkar leistet einen unverzichtbaren Beitrag in der Debatte um eine zukunftsfähige Gesellschaft. Vor allem in seinen beiden Hauptwerken (Sarkar 2001; Sarkar 2010) hat er ein Verständnis von „Ökosozialismus" entfaltet, das auch das linke Spektrum herausfordert. Mit dem Übergang zu einer ökologisch nachhaltigen, solidarischen Gesellschaft steht nicht nur der Kapitalismus mit seinem zuinnerst eingeschriebenen Wachstumszwang, sondern auch der Industrialismus zur Disposition! Sarkar begründet das empirisch und theoretisch überzeugend. Seinem konsequenten Paradigmenwechsel zu den Grenzen des Wachstums hält auch der überkommene Marxismus nicht stand, dessen Produktivismus zu seinem Wesenskern gehört. Wir stehen aber vor der Herausforderung der radikalen Schrumpfung unserer Ökonomie. In den reichen Industrieländern kann ökologische Nachhaltigkeit nur Entprivilegierung bedeuten, und zwar keineswegs nur für eine kleine Schicht Superreicher, vielmehr stehen die eingeschliffenen Konsummuster der breiten Bevölkerungsmehrheit, auch der ArbeiterInnen, zur Disposition. Erst vor dem Hintergrund des notwendigen Schrumpfens der Ökonomie und dessen solidarischer Gestaltung gewinnt die sozialistische Idee im 21. Jahrhundert überhaupt wieder Plausibilität und Relevanz.

Zu den politischen Aktivitäten Saral Sarkars in den letzten Jahren gehörten seine engagierten Online-Debattenbeiträge. Sie wurden vor Kurzem im englischen Original in zwei Bänden seiner *Collected Writings* publiziert (Sarkar 2023). Neben zahlreichen tagespolitischen Einlassungen finden sich hier Beiträge grundsätzlicher Natur, vor allem zur Frage der Lebensfähigkeit (*viability*) erneuerbarer Energien und zu deren beschränktem Potenzial sowie zur umstrittenen Frage des Bevölkerungswachstums. Diese Beiträge liegen hier nun in deutscher Übersetzung vor und können als Einstieg in Sarkars Verständnis von Ökosozialismus dienen bzw. Geschmack auf die Lektüre seiner beiden theoretischen Hauptwerke machen. Zu Beginn zeichnet Sarkar biografisch seinen Weg vom orthodoxen Marxismus zum Ökosozialismus nach und bietet den Leserinnen und Lesern damit einen guten Zugang zu seinen theoretischen Überlegungen. Ergänzt werden seine Aufsätze durch einen hervorragenden Beitrag von Jonathan Rutherford, der die Unterschiede zwischen Sarkars Verständnis von Ökosozialismus und dem John Bellamy Fosters (der hier durchaus für den Mainstream der ökosozialistischen Bewegung stehen mag) sehr präzise herausarbeitet und – trotz erkennbarer größerer Sympathie für Sarkars Ansatz – an beide kritische Rückfragen stellt.

Wo es dem Verständnis dienlich ist, habe ich auf das Datum der Erstveröffentlichung der Beiträge hingewiesen.

Mainz, Februar 2004

Bruno Kern

Vom marxistischen Sozialismus zum Ökosozialismus

Wendepunkte eines persönlichen Weges

1 Marx' utopischer Sozialismus – eine Entzauberung

Am Beginn meines Weges stand der berühmteste Satz von Karl Marx, den ich als Student gelesen hatte, nämlich die elfte seiner *Thesen über Feuerbach*:

> Die Philosophen haben die Welt nur verschieden interpretiert; es kömmt drauf an, sie zu verändern. (MEW 3, 7)

Das konfrontierte mich sogleich mit einem Dilemma. Ich brauchte die Welt nicht interpretieren; das hatten ja für uns bereits Marx, Engels, Lenin, Stalin etc. getan. Doch um imstande zu sein, meinen Beitrag zur Veränderung der Welt zu leisten, muss ich sie – so dachte ich – wenigstens verstehen. Das Ziel stand mir klar vor Augen, nämlich mich für die Schaffung einer sozialistischen bzw. kommunistischen Gesellschaft zu engagieren. Doch ich wusste: Um die Welt zu verstehen, musste ich eine Menge lesen, zumindest eine Menge von Marx, Engels und Lenin, viel über Geschichte und die aktuelle Situation und auch ein beachtliches Quantum an moderner marxistischer sozialwissenschaftlicher Literatur.

Für den durchschnittlichen sozialistischen bzw. kommunistischen Aktivisten stellte jedoch bereits der Umfang der erforderlichen Lektüre zu diesem Zweck die größte Herausforderung dar. Die Aktivistin muss für ihren Lebensunterhalt arbeiten, ihre Überzeugung festigen und einige der maßgeblichen Texte lesen. Was mich betrifft, so hatte ich diesen Ehrgeiz, und ich meinte auch die intellektuellen Fähigkeiten zu haben, um alle bedeutenden Arbeiten von Marx, Engels, Lenin und anderen zu lesen. Doch angesichts meiner materiellen Situation eines durchschnittlichen Aktivisten war es mir seit früher Jugend an klar, dass ich nur ein Aktivist, keineswegs aber ein Marxologe werden würde.

1.1 Die Moskauer Schauprozesse und die Entstalinisierung

Im Jahr 1953 war ich siebzehn Jahre alt und Schüler. Als ich das erste Mal von den berühmten Moskauer Prozessen der Jahre 1936 bis 1938 hörte, im Verlauf derer etliche führende Persönlichkeiten der russischen Revolution des Verrats bezichtigt, verurteilt und hingerichtet wurden, stellte ich fest, wie wenig ich wusste. Das Schlimmste war, dass ich diese Dinge von einem antikommunistischen Klassenkameraden erfuhr. Ich war schockiert, als ich hörte, dass Stalin, unser damaliger großer Führer, der Urheber dieser und ähnlicher anderer Verbrechen gegen einige Hunderttausend unschuldiger patriotischer Bürger und Kommunisten war. Meine kommunistischen Klassenkameraden antworteten mir auf meine diesbezüglichen Fragen, dass sie niemals zuvor davon gehört hatten. Doch ihrer Meinung nach war dies alles sicherlich nur imperialistische Propaganda.

Ich hatte begonnen, die Geschichte der kommunistischen Partei der Sowjetunion zu lesen. Im Zuge dieser Lektüre wurde mir die offizielle Version vermittelt: Die Angeklagten waren

Verräter, Agenten des Feindes, usw. Diese Geschichte verfolgte mich einige Jahre lang. Wie konnten so viele kommunistische Kader und Aktivisten der Revolution Verräter sein? fragte ich mich zweifelnd. Die Frage wurde im Jahr 1956 geklärt, als Chrustschow in seiner Geheimrede auf dem 20. Parteitag der KPdSU den Wahrheitsgehalt dessen bestätigte, was vorher als imperialistische Propaganda bezeichnet worden war.

Das Jahr 1956, in dem in der Sowjetunion eine gründliche Entstalinisierung begann, war ein Wendepunkt. Das Ergebnis war ein gewaltiger, unbeschreiblicher geistiger Schockzustand, und zwar nicht nur für mich, sondern für alle jungen Kommunisten dieser Tage, die die Sowjetunion für ein strahlendes Land, für unsere konkret gewordene Utopie, gehalten hatten. Danach begann ich mich allmählich vom sowjetischen Modell des Sozialismus zu distanzieren.

Doch unter den älteren Kommunisten kam es – zumindest in Indien – nicht zu einer Aufkündigung der Treue gegenüber der kommunistischen Führung der Sowjetunion. Diesbezüglich gefragt, antworteten sie gewöhnlich in etwa so: Wenn in der Vergangenheit Fehler begangen wurden, dann ist es gut, dass sie korrigiert worden sind. Für mich war diese Reaktion zwar logisch und rational, aber keineswegs zufriedenstellend. Handelte es sich tatsächlich nur darum, dass der Anführer einige Fehler begangen hatte? Es beunruhigte mich sehr, dass die Verbrechen im Namen einer kommunistischen Revolution und im Namen der Verteidigung eines „sozialistischen" Staates begangen worden waren, der sich auf Marx und seine Theorien berief. Schließlich hatten Marx und Engels in ihrer Auffassung von Revolution Gewaltgebrauch befürwortet. Im Schlussabsatz ihres *Manifests der Kommunistischen Partei* heißt es: „Die Kommunisten [...] erklären es offen, dass ihre Zwecke nur erreicht werden können durch den gewaltsamen Umsturz aller bisherigen Gesellschaftsordnung." (MEW 4, 493). Wir Inder wissen, dass Gandhi sich strikt und grundsätzlich jeder Anwendung von Gewalt im Zuge unseres Unabhängigkeitsprozesses widersetzt hat. Doch Fragen nach dem Verhältnis von Zielen und Mitteln hatten sich mir vor 1956 nicht gestellt.

Die Entstalinisierung war auch der Grund dafür, dass im Jahr 1956 mein Interesse an Marx und Marxismus nachzulassen begann. Ich dachte, es könne nicht sein, dass lediglich zwei Denker der zweiten Hälfte des 19. Jahrhunderts, so genial sie auch gewesen sein mögen, alle Probleme der Menschheit durchdacht hätten, selbst die, die erst viele Jahrzehnte nach ihrem Tod aufgetaucht waren. Es konnte nicht sein – so dachte ich ferner –, dass die Ergebnisse ihrer Analyse der Situation, die im 19. Jahrhundert vorherrschte, auch im 20. Jahrhundert gültig wären. Deshalb begann ich, mich auch mit anderen Themen und Denkern zu beschäftigen, zum Beispiel mit dem Malthusianismus und dem Keynesianismus.

1.2 Das Scheitern der russischen und der chinesischen Revolution

Sowohl die Oktoberrevolution (1917-1921) als auch die chinesische Revolution (bis 1949) wurden von Leuten gemacht oder wenigstens angeführt, die Marxisten oder Kommunisten waren oder wenigstens von sich behaupteten, vom Marxismus inspiriert zu sein. Nach dem Erfolg auf den Schlachtfeldern versuchten sie in ihren jeweiligen Ländern eine sozialistische Gesellschaft nach wirtschaftlichen und politischen Grundsätzen aufzubauen, die ihrem Anspruch nach auf dem Marxismus beruhten und/oder sich von ihm herleiteten. Langfristig sind beide Revolutionen gescheitert. Die Russen und Chinesen selbst führten bereitwillig den Kapitalismus in ihren Ländern ein. Die Russen bekennen sich offen zum Kapitalismus, während die chinesische Gesellschaft heute faktisch kapitalistisch ist und nur von selbst ernannten „Kommunisten" regiert wird.

Können ihre Fehler auf Schwachstellen in der Ideologie namens Marxismus zurückgeführt werden? Heute, nachdem wir bereits den 200. Geburtstag von Marx begangen haben und da nun sein gesamter theoretischer und intellektueller Beitrag zur jüngeren Weltgeschichte diskutiert, kritisiert und gefeiert wird, muss diese Frage beantwortet werden. Doch zuvor sind andere Fragen zu stellen: 1. Die Frage, ob die Auffassung von Sozialismus, welche die Sowjetrussen und die Chinesen, die Kubaner und Vietnamesen zu verwirklichen versuchten und damit gescheitert sind, tatsächlich der von Marx entsprach; 2. Ob sie überhaupt verwirklichbar war. Wir sollten darauf nicht nur eine akademische Antwort finden, der es um die Wahrheit um der Wahrheit willen geht, sondern auch und insbesondere eine praktische Antwort. Denn wenn es uns nicht gelingt, die richtigen Antworten auf diese Fragen zu finden, könnten wir in unserem Eifer noch viel mehr Fehler machen. Wir könnten dann ein falsches Ziel anstreben oder den falschen Weg einschlagen, um dieses Ziel zu erreichen – oder beides.

1.3 Marxianer und Marxisten

Der Inhalt dessen, was Marxismus bedeutet, ist umstritten. Seinem Schwiegersohn Paul Lafargue gegenüber soll Marx in Reaktion auf die französische Arbeiterpartei, die in ihrem Programm auf den „Marxismus" Bezug genommen hatte, verärgert gesagt haben: „Eines ist sicher: Ich bin kein Marxist." Seither hat es sich als nützlich erwiesen, zwischen marxianisch und marxistisch zu unterscheiden. Marxianisch würde demnach bedeuten: streng auf der Grundlage dessen, was Marx selbst geschrieben hat. Und marxistisch hieße demnach: auf der Grundlage marxianischen Denkens, wie es Engels, Lenin und spätere theoretische Anhänger von Marx entwickelt und dargelegt haben. Deshalb kann die marxistische Theorie nicht als ein monolithischer Block betrachtet werden. Selbst im Werk von Marx fanden Marx-Experten innere Widersprüche und Irrtümer. Kein Wunder: Schließlich erstreckte sich die schriftstellerische Laufbahn von Marx über etwa vierzig Jahre. Ebenso verwundert es nicht, dass es einige Marxologen ausdrücklich für nötig halten, zwischen den Schriften des jungen (frühen) Marx und denen des reifen (späten) Marx zu unterscheiden.

Glücklicherweise können wir auf die oben gestellte Frage im Zusammenhang der Verbrechen der stalinistischen Sowjetunion und dem Scheitern der sowjetischen und chinesischen Revolution eine unmittelbare und kurze Antwort geben. Lupenreine Marxisten sagen im Allgemeinen: Was hat das alles mit Marx und der Marx'schen Theorie zu tun? Nichts. Keine der sozialistischen bzw. kommunistischen Revolutionen bisher war eine Revolution im Marx'schen Sinne. Um nur ein Beispiel aus jüngerer Zeit anzuführen: Paresh Chattopadhyay, ein hervorragender Marx-Experte, entgegnete einer Charakterisierung der kubanischen Revolution als einer marxistischen das Folgende:

> Doch von welcher Art von Revolution reden wir? [...] Wir werden zu einer Art von Sozialismus im Sinne von Marx eingeladen. Genau hier liegt der Hase im Pfeffer. Warum ist es nötig, hier Marx ins Spiel zu bringen, da doch seine Auffassung von Sozialismus genau das Gegenteil ist? Zur Erinnerung: Im gesamten Marx'schen Denken gibt es keine „sozialistische Diktatur". Für Marx ist es erforderlich, *dass sich die Arbeiter selbst emanzipieren müssen*. Das ist das Ergebnis der *„selbsttätigen Bewegung der ungeheuren Mehrzahl im Interesse der ungeheuren Mehrzahl"*. Und diese Selbstemanzipierung meint die [...] Errichtung eines *„Vereins freier Menschen"*, und nur das ist Sozialismus. Daraus folgt zweitens, dass dies nicht die Aufgabe einer Gruppe ist, die sich selbst, unabhängig vom revolutionären Eifer und dem Geist der Selbsthingabe der Gruppe, zur Avantgarde hochstilisiert. (Chattopadhyay 2014; Hervorhebung S.S.)

1.4 Kritik an Marx selbst

Ich vertraue Chattopadhyays Gelehrsamkeit. Das muss wohl eine korrekte Wiedergabe des Marx'schen Ideals einer sozialistischen Revolution (*Emanzipation*, wie er das auch nennt) sein. In diesem Zitat geht es um das Wer und das Wie einer sozialistischen Revolution, das heißt um die Fragen: Wer sind die Subjekte der Revolution (Emanzipation) und wie gehen sie vor, während und nach der eigentlichen Revolution vor? Doch es zeigt auch, wie falsch Marx hier lag, wie unrealistisch und utopisch im negativen Sinne er war. Denn kaum eine Revolution, die man als proletarisch, sozialistisch oder als vom Volk ausgehend bezeichnete, ob sie nun erfolgreich war oder nicht, konnte ohne eine Führung auskommen, von der die meisten Mitglieder gewöhnlich aus anderen Klassen als der des Proletariats kamen. Selbst die Führung der *Pariser Commune* des Jahres 1871 kam, soweit ich weiß, nicht ausschließlich aus der Arbeiterklasse.

Ich bin überzeugt: Ohne eine gute Führung kann jeder Versuch, ein verhasstes Regime oder ein ausbeuterisches oder unterdrückerisches System zu überwinden, nur in einer Niederlage oder einer fruchtlosen, chaotischen Rebellion münden – selbst wenn die auslösende Krisensituation günstig für ein solches Unterfangen war. Natürlich sage ich dies alles ohne große Geschichtskenntnisse. Doch ich meine, Beweise für das Gegenteil sind, wenn es sie überhaupt gibt, rar gesät. Auch um eine „sozialistische" Gesellschaft nach einer erfolgreichen Machtübernahme aufzubauen, wie etwa in Russland nach 1917 und in Jugoslawien nach 1945, erwies sich eine starke Führung als unerlässlich.

1.5 Revolutionäres Proletariat?

Marx und Engels haben das revolutionäre Proletariat sehr früh in ihrem Leben „entdeckt", lange bevor das Proletariat in Deutschland als Klasse wahrnehmbar war, und sie machten diese Entdeckung auf rein deduktivem Weg: Im Jahr 1845 erklärten sie dies folgendermaßen:

> Es handelt sich nicht darum, was dieser oder jener Proletarier oder selbst das ganze Proletariat als Ziel sich einstweilen *vorstellt*. Es handelt sich darum, was es ist und was es diesem *Sein* gemäß geschichtlich zu tun gezwungen sein wird. Sein Ziel und seine geschichtliche Aktion ist in seiner eignen Lebenssituation wie in der ganzen Organisation der heutigen bürgerlichen Gesellschaft sinnfällig, unwiderruflich vorgezeichnet. (MEW 2, 38)

Drei Jahre später formulierten sie in ihrem *Manifest der Kommunistischen Partei* apodiktisch: Die Proletarier haben nichts zu verlieren als ihre Ketten." Genauso apodiktisch behaupteten sie: „Die Arbeiter haben kein Vaterland", worauf logisch konsequent der Aufruf folgte: „Proletarier aller Länder, vereinigt euch!"

Was diese Frage betrifft, so überzeugte mich (und Millionen anderer Aktivisten) Lenin mehr, wenn er sagte, dass sich die Arbeiter nicht mithilfe einer eigenen selbsttätigen Bewegung emanzipieren können, weil es ihnen am hierfür nötigen Willen und revolutionären Bewusstsein fehlt. Das muss ihnen von einer Gruppe von Berufsrevolutionären beigebracht werden. Einige Jahre vor Lenin hat Eduard Bernstein behauptet, die Proletarier der industriell fortschrittlichen Länder Europas hätten nicht einmal einen guten Grund, um den Kapitalismus überwinden zu wollen. Er meinte, dass gebildete und ausgebildete Arbeiter bzw. Angestellte tatsächlich in das bestehende System integriert seien und in ihm aufsteigen wollen.

Für Lenin, Tito, Mao, Ho Chi Minh und später auch für Fidel und Che bestand die erste, unmittelbare und dringlichste Aufgabe darin, das verhasste unterdrückerische Regime ihrer jeweiligen Länder zu überwinden. Im Falle Chinas, Jugoslawiens und Vietnams handelte es sich sogar um ausländische imperialistische Mächte, die ins Land eingedrungen waren. Es war gar keine Frage, diesen Umsturz erst später zu versuchen, wenn das Proletariat zur überwältigenden Mehrheit der Bevölkerung geworden wäre. Nach Erledigung dieser unmittelbaren Aufgabe konnten Lenin, Tito, Mao und Ho als Kommunisten gar nicht anders, als auf der Grundlage der Wirklichkeit, wie sie sie nun einmal vorfanden, eine sozialistische Gesellschaft aufzubauen zu versuchen. Sie konnten diese Arbeit nicht auf später verschieben, nur um der reinen Lehre von Marx zu folgen, das heißt sie konnten nicht warten, bis ihr Land das Niveau der Industrialisierung erreicht haben würde wie Deutschland oder Großbritannien in den 1870er und 1880er Jahren, bis ihr Proletariat zur überwältigenden Mehrheit der Bevölkerung geworden wäre und auch das rechte revolutionäre Bewusstsein entwickelt hätte.

Bereits als ich als junger Student das *Manifest der Kommunistischen Partei* gelesen hatte, hegte ich in diesem Punkt einige Zweifel. Ich dachte, es sei falsch zu sagen, die Proletarier hätten nichts zu verlieren als ihre Ketten. Jeder Revolutionär kann bei jeder Revolution Leib und Leben verlieren. Nach dem Fehlschlag einer Revolution kann er inhaftiert werden und seinen Lebensunterhalt verlieren. Seine Angehörigen können in Not geraten. Dass das Proletariat als Klasse „eine Welt zu gewinnen" habe, ist für den durchschnittlichen Proletarier ein allzu abstraktes Versprechen, um die konkreten Risiken und Leiden aufwiegen zu können. Nur die besonders Inspirierten sind bereit, dies auf sich zu nehmen. Wenn ein Manifest so hehre Sätze enthält, ist das in Ordnung, doch man sollte besser wissen, dass sie nicht der Wirklichkeit entsprechen.

Auch der Satz „Die Arbeiter haben kein Vaterland" ist nichts als eine hochtrabende Behauptung. Wie weit hergeholt, wie unrealistisch und hohl all diese Worte waren, zeigte sich 31 Jahre nach dem Tod von Karl Marx, als die Arbeiter der fortgeschrittenen industrialisierten Länder Europas den Ersten Weltkrieg nicht nur nicht verhinderten, sondern im Gehorsam gegenüber ihren Staatsoberhäuptern bereitwillig an die Front gingen, um ihre patriotische Pflicht zu erfüllen, die darin bestand, die Arbeiter ihrer jeweiligen verfeindeten Länder zu töten.

Selbst nachdem Sozialisten bzw. Kommunisten eine Revolution gemacht bzw. einen revolutionären antiimperialistischen Krieg gewonnen und in Russland, China, Vietnam und Kambodscha die Macht übernommen hatten, kämpften ihre Armeen, die sich aus Arbeitern jeglicher Art (wenige Proletarier im Marx'schen Sinne) zusammensetzten, gegeneinander wegen belangloser Streitfragen (zum Teil Grenzstreitigkeiten). Soviel ich weiß, haben Generationen von marxistischen Theoretikern genügend Augenmerk auf diesen Aspekt des *menschlichen Wesens* vermissen lassen, dem auch regelmäßig sozialistische und kommunistische Idealisten zum Opfer fielen. Nur Lenin mag sich dieses ernsten Problems bewusst gewesen sein, als er das Recht der Völker auf Selbstbestimmung unterstützte. Trotz dieser Geschichte kann man bis heute in allen Ländern auf Demonstrationen und Umzügen zum Ersten Mai Sozialisten, Kommunisten und Linke allgemein beobachten, die sinnlos hohle Parolen rufen wie „Arbeiter aller Länder, vereinigt euch" oder „Hoch die internationale Solidarität".

Ich meine, Menschen machen dann eine Revolution – oder sagen wir besser, sie begehren auf –, wenn das Leben unter den herrschenden Umständen in diesem oder jenem Sinne unerträglich geworden ist, und zwar objektiv und in materieller Hinsicht für die breiten Massen, und subjektiv für hoch sensibilisierte, zumeist junge Menschen. Einige von ihnen sind wie Marx, Engels, Lenin, Trotzki etc. kühle, intellektuelle und analytische Typen von Mensch, andere wiederum wie Mao, Fidel und Che eher Draufgänger. Sie revoltieren unabhängig davon, ob die Zeit reif ist oder nicht, ob das Proletariat seine weltgeschichtliche Rolle begriffen hat oder nicht, ob es sich der Revolte anschließt oder abseits steht. Mao führte eine kommunistische Revolution in einer Agrargesellschaft an, Che versuchte sogar, die Revolution in den Kongo und nach Bolivien zu bringen, wo es keine Arbeiterklasse gab. Solche Leute können nicht einfach der Ausbeutung und Unterdrückung zusehen und untätig bleiben.

1.6 Revisionismus

Bis heute hat die Arbeiterklasse in hoch industrialisierten Ländern wie Großbritannien, Deutschland usw. ihre revolutionäre Rolle abgelehnt, die ihr von Marx und Engels zugedacht war. In Deutschland verfolgte ihre Partei, nämlich die 1875 gegründete *Sozialdemokratische Partei Deutschlands*, die von Eduard Bernstein befürwortete reformistische Strategie. Im Jahr 1959 akzeptierte sie mit ihrem neuen, dem *Godesberger Programm* sogar die kapitalistische Marktwirtschaft. In Großbritannien hat die in den Jahren 1893 bis 1900 gegründete Labour Party den Marxismus niemals ausdrücklich als ihre politische Philosophie akzeptiert, wurde aber lange Zeit als eine konstitutionelle, in gewissem Sinne sozialistische Partei betrachtet. Doch in den 1990er Jahren wurde sie zu einem Erzprotagonisten des neoliberalen Kapitalismus.

Es wäre interessant, die Frage zu vertiefen, warum in Russland ab 1917 das zahlenmäßig relativ kleine Proletariat zusammen mit Soldaten einer demoralisierten Armee eine Revolution machte, während in Deutschland das sehr starke Proletariat und die Soldaten einer geschlagenen Armee es ablehnten, dem Ruf nach einer Revolution zu folgen (außer in München und Bayern insgesamt). Hier ist nicht der Ort für eine solche Untersuchung. Doch einige Sätze aus Kolakowskis Zusammenfassung von Bernsteins Revisionismus können hier als eine kurze Antwort auf diese Frage zitiert werden:

> Als Bernstein sich zu Wort meldete, waren die Reallöhne der deutschen Arbeiterklasse über lange Zeit hinweg gestiegen, hatte sie zahlreiche soziale Sicherungen und eine kürzere Arbeitszeit erkämpft. [...] in Preußen gab es noch kein allgemeines Wahlrecht, doch boten die Wahlen und die mit ihnen verbundene politische Mobilisierung sowie der „Kräftevergleich" Aussicht auf einen erfolgreichen Kampf um die Republik und sogar auf die Übernahme der Macht. Die reale Erfahrung der Arbeiterklasse stützte keineswegs die Theorie, nach der ihre Lage in den Grenzen des Kapitalismus grundsätzlich hoffnungslos und nicht zu verbessern ist. [...] Die Geschichte des Revisionismus spricht nicht für die Behauptung, es gebe in der Arbeiterklasse eine naturwüchsige revolutionäre Haltung, die allein schon aus ihrer Lage als Verkäufer von Arbeitskraft und unheilbares Opfer in diesem System der Entfremdung resultieren würde. [...] Der überkommene Glaube an die revolutionäre Sendung des Proletariats wurde nicht nur von der revisionistischen Doktrin mit einem Fragezeichen versehen. [...] Der Revisionismus nahm der sozialistischen Doktrin das edle Pathos der „letzten Schlacht" und der totalen Befreiung. (Kolakowski 1978, 133-134)

2 Wie viel Marxismus steckt in meinem Ökosozialismus?

Was die Marx'sche bzw. die marxistische Theorie betrifft, so ist es für mich nicht ganz leicht, diese Frage zu beantworten, denn ich habe lediglich einige, beileibe nicht alle Werke von Marx und Engels gelesen. Vieles, was ich über ihre Theorie weiß, stützt sich auf Sekundärliteratur von bekannten Marxisten früherer Jahrzehnte (Sweezy, Mandel, Leontief, Kolakowski, Vranicki usw.). Zudem vertrat ich niemals die Ansicht, dass intelligente Leute und Gelehrte des 20. Jahrhunderts die Probleme ihres Jahrhunderts nicht erforschen und verstehen könnten, ohne sich zu fragen, was Marx genau zu einem Thema geschrieben hat. Schließlich waren die Autoren des für unser Jahrhundert so wichtigen Buches *Die Grenzen des Wachstums* nicht gerade für ihre Marx-Kenntnisse berühmt.

2.1 Akteure der Veränderung?

Ob nun die Anführer früherer Revolutionen aus den Reihen des revolutionären Proletariats gekommen sind oder nicht: Ohne eine gute Führung wäre die Überwindung irgendeines kapitalistischen, feudalen, kolonialistischen oder anderen unterdrückerischen und ausbeuterischen Regimes nicht möglich gewesen. Doch die Frage, ob die danach von ihnen errichteten Gesellschaften „sozialistisch" genannt werden könnten, ist umstritten. Dazu kann ich hier nicht Stellung nehmen.

Menschen mit einiger Geschichtskenntnis wissen sehr wohl, welche Rolle die „Arbeiterparteien" (die zuweilen sozialdemokratisch und dann wiederum sozialistisch genannt wurden) und deren proletarische Mitglieder sowohl in den hoch entwickelten Industrieländern als auch in den weniger entwickelten wie Indien gespielt haben. Weiter oben habe ich hierzu bereits einen kurzen Hinweis gegeben. Das dort Gesagte trifft umso mehr auf die Gewerkschaften zu. Zuweilen widersetzten sie sich den Wünschen der Anführer der jeweiligen Parteien, doch der Kampf gegen den Kapitalismus stand niemals ganz oben auf ihrer Prioritätenliste. In der entwickelten Welt haben sie den Kapitalismus bereits ausdrücklich akzeptiert und nennen das System nun „soziale Marktwirtschaft" und ihr eigenes Verhältnis zu den Kapitalisten „Sozialpartnerschaft". Ihr Kampf galt stets höheren Löhnen, besseren Arbeitsbedingungen und der Verteidigung ihrer bestehenden Arbeitsplätze, kurz: ihren eigenen *Privat-* und Klasseninteressen. Gelegentlich räumten sie in der Vergangenheit wie in der Gegenwart sogar ihrem nationalen Interesse höchste Priorität ein.

Für mich heißt dies alles, dass wir heute und in nächster Zukunft nicht wirklich das Proletariat als Hauptakteur irgendeiner radikalen Veränderung der kapitalistischen Gesellschaft und deren Transformation in irgendeine Art von Sozialismus betrachten können. Denn in den hoch industrialisierten Ländern Europas und Amerikas ist der Kapitalismus immer noch in der Lage, eine *oberflächlich demokratische* Regierungsform aufrechtzuerhalten, viele Freiheiten und dem durchschnittlichen Facharbeiter einen Lebensstandard zu gewähren, der um ein Vielfaches den eines durchschnittlichen Facharbeiters in unterentwickelten Ländern übersteigt. Es ist also nicht verwunderlich, dass sich solche Arbeiter zumindest in den USA selbst als *Mittelklasse* definieren und auch von anderen als solche betrachtet werden. Sie haben ein starkes Interesse daran, dieses System zu verteidigen.

Wenn wir ihnen nun sagen, dass in einer künftigen ökosozialistischen Gesellschaft alle, auch die Facharbeiter, auf viele Annehmlichkeiten und Privilegien verzichten werden müssen, die sie heute als selbstverständlich betrachten, werden sie uns verfluchen und uns zur Hölle wünschen. Diese Erfahrung habe ich in Deutschland gemacht. Hier waren die Arbeiter und ihre Gewerkschaften immer die heftigsten Gegner der Ökologiebewegung.

Das politische Gebaren des Proletariats mag sich verändern, wenn der Kapitalismus seine erwähnte Fähigkeit einbüßt, das heißt in einer Krise, die in ihrer Schärfe alles Bisherige übertrifft, wovon auch immer sie ausgelöst und welcher Art sie auch sein mag. Doch in welche Richtung sie dann die Gesellschaft drängen werden, bleibt offen. Kann sein, dass es in eine revolutionäre sozialistische Richtung geht, doch es kann auch auf den Faschismus zulaufen.

2.2 Krisen und Zusammenbruch des Kapitalismus?

Zwischen 1929 und 1933 machte die moderne kapitalistische Wirtschaft eine ernste Krise durch und stand auf der Kippe.

Keine Gesellschaft wurde damals in eine sozialistische transformiert. Doch in Deutschland übernahmen Faschisten die Macht.[1] Wie wahrscheinlich ist nun eine solche Krise heute oder in naher Zukunft?

Nach dem Tod von Karl Marx waren insgesamt vier Marx'sche bzw. marxistische Krisentheorien in Umlauf. Bei zweien von ihnen war es fraglich, ob sie Marx selbst propagiert hat oder ob sie seine Schüler aus seinen Schriften herleiteten bzw. entwickelten. Die anderen beiden waren Marx' eigene Schöpfung.

Die Zusammenbruchstheorie

Im dritten Band des *Kapital* schrieb Marx im Zusammenhang des Zentralisationsprozesses des Kapitals: „Dieser Prozess würde bald die kapitalistische Produktion zum Zusammenbruch bringen ..." Doch dieser Satz ist Sweezy zufolge lediglich die Beschreibung einer Tendenz, zumal Marx selbst im selben Atemzug von „widerstrebenden Tendenzen" spricht, die „wieder dezentralisierend neben der zentripetalen Kraft wirkten" (MEW 25, 256; vgl. Sweezy 1942, 150). Doch es gibt im dritten Band des *Kapital* einen weiteren, langen Abschnitt, den man in diesem Zusammenhang zur Kenntnis nehmen sollte. Marx schreibt:

> Die wahre Schranke der kapitalistischen Produktion ist das Kapital selbst, ist dies: dass das Kapital und seine Selbstverwertung als Ausgangspunkt und Endpunkt, als Motiv und Zweck der Produktion erscheint; dass die Produktion

[1] Deutschland ist das prominenteste Beispiel eines Landes, in dem im Gefolge der Krise zwischen 1929 und 1933 ein faschistisches Regime errichtet wurde. Doch auch in anderen europäischen Ländern wie Spanien, Ungarn, Rumänien und Kroatien waren eine Zeit lang (in den 1930er und 1940er Jahren) faschistische Regime (oder solche unter Beteiligung faschistischer Parteien) an der Macht. Italien hatte das erste faschistische Regime, das bereits 1922 an die Herrschaft kam, das heißt vor der Wirtschaftskrise der Jahre 1929 bis 1933.

> nur Produktion für das Kapital ist und nicht umgekehrt die Produktionsmittel bloße Mittel für eine stets sich erweiternde Gestaltung des Lebensprozesses für die Gesellschaft der Produzenten sind. Die Schranken, in denen sich die Erhaltung und Verwertung des Kapitalwerts, die auf der Enteignung und Verarmung der großen Masse der Produzenten beruht, allein bewegen kann, diese Schranken treten daher beständig in Widerspruch mit den Produktionsmethoden, die das Kapital zu seinem Zweck anwenden muss und die auf unbeschränkte Vermehrung der Produktion, auf die Produktion als Selbstzweck, auf unbedingte Entwicklung der gesellschaftlichen Produktivkräfte der Arbeit lossteuern. Das Mittel [...] gerät in fortwährenden Konflikt mit dem beschränkten Zweck, der Verwertung des Kapitals. Wenn daher die kapitalistische Produktionsweise ein historisches Mittel ist, um die materielle Produktivkraft zu entwickeln [...], ist sie zugleich der beständige Widerspruch zwischen dieser ihrer historischen Aufgabe und den ihr entsprechenden gesellschaftlichen Produktionsverhältnissen [das heißt der kapitalistischen Verhältnisse unter den Mitgliedern der Gesellschaft]. (MEW 25, 260)

Einige Marx-Kenner meinen, dass dies eine Schlüsselpassage in Marx' Werk ist, die die Quintessenz seiner Charakterisierung des Kapitalismus enthalte und als Theorie eines letztlichen Zusammenbruchs des Systems gedeutet werden könne. Man sollte hierzu anmerken, dass Marx diese Zeilen im Zuge der Darstellung und Ausarbeitung seines berühmten Gesetzes der tendenziell fallenden Profitrate geschrieben hat. Ich meine, es ist logisch richtig, die Schlussfolgerung zu ziehen: Wenn dieses Gesetz – worauf Marx beharrte – eine säkulare Tendenz beschreibt, dann muss die Profitrate früher oder später auf ein so niedriges Niveau fallen, dass es für die meisten Kapitalisten von keinerlei Interesse mehr wäre, ihr Geld in die Industrie zu investieren, trotz aller „entgegenwirkenden Ursachen", die Marx ebenfalls beschrieb.

Ebenfalls festzuhalten ist hier, dass Marx unter diesen „entgegenwirkenden Ursachen“ die „Erhöhung des Exploitationsgrads der Arbeit“, also die intensivere Ausbeutung der Arbeitskraft, das „Herunterdrücken des Arbeitslohns unter seinen Wert“ (was aufgrund des Wettbewerbs unter den Arbeitern selbst möglich ist) und die Schaffung einer „relativen Überbevölkerung“ (das heißt Arbeitslosigkeit) aufzählt. Daraus lässt sich der logische Schluss ziehen, dass Marx eine *Verelendungstheorie* vertrat, dass er meinte, die allgemeine Verelendung der Arbeiter würde ebenfalls zum wahrscheinlichen Zusammenbruch des Kapitalismus beitragen. Im oben zitierten Abschnitt spricht Marx selbst von „Enteignung und Verarmung“ der großen Masse der Produzenten. Und die Verelendungstheorie führt uns logisch zu einer *Unterkonsumtionstheorie*, die man auch die (relative) *Überproduktionstheorie* nennen kann.

Ich kann hier diese Marx'schen oder marxistischen Theorien und die Kritik an ihnen nicht noch einmal ausführlich diskutieren.[2] Es genügt die Feststellung, dass der Kapitalismus 140 Jahre nach Marx' Tod immer noch nicht zusammengebrochen ist, im Gegenteil: Er hat inzwischen die ganze Welt inklusive der wiedergewonnenen Territorien (UdSSR, Osteuropa, China und Vietnam) erobert. Dies sollte zur Mutmaßung Anlass geben, dass das berühmte Gesetz vom tendenziellen Fall der Profitrate, das die Grundlage all der anderen oben erwähnten Theorien bildet, grundlegend falsch ist. Als junger Mann bereits hegte ich diesen Verdacht, als ich darüber zum ersten Mal las. Damals wagte ich es nicht, diesen Zweifel zu äußern. Ich ging davon aus, dass ich einfach noch nicht genug gelesen hatte. Also machte ich bloß ein Fragezeichen an den Rand des Buches und lebte und arbeitete weiterhin als Sozialist mitsamt diesem Verdacht in meinem Hinterkopf. Doch etliche Jahre später las ich Paul Sweezys Buch über die

[2] Das habe ich in meinem Buch *Die Krisen des Kapitalismus* geleistet (Sarkar 2010).

Marx'sche Wirtschaftstheorie. Er war selbst ein berühmter Marxist, hatte aber Marx' diesbezüglichen Irrtum bereits im Jahr 1942 aufgezeigt. Aus Platzgründen kann ich seine (und meine) Argumentation hier nicht im Detail wiedergeben. Deshalb nur so viel:

> Es könnte daher scheinen, dass Marx kaum berechtigt war, eine konstante Mehrwertrate gleichzeitig mit einer steigenden organischen Zusammensetzung des Kapitals anzunehmen, selbst nicht in Begriffen seines eigenen theoretischen Systems. (Sweezy 1959 [1942], 23)

Kurz gesagt: Die enormen Fortschritte hinsichtlich der Arbeitsproduktivität, welche die kapitalistische Produktion in der Vergangenheit bis heute aufgrund von Automatisierung und der mikroelektronischen Revolution erzielen konnte, ermöglichten es, dass Verarmung im großen Stil in den Industrieländern der Vergangenheit angehört. Allerhöchstens kann man heute von einer relativen Verarmung sprechen. Diese riesige Zunahme der Arbeitsproduktivität hat es dem Kapital ermöglicht, höhere Lohnforderungen der Arbeiter zu akzeptieren, und den Staat in die Lage versetzt, den Arbeitslosen und Arbeitsunfähigen gegenüber großzügig zu sein. Dass diese Produktivitätsgewinne Hand in Hand mit *Störungen des ökologischen Gleichgewichts* gingen, war sowohl Marx als auch Engels bekannt. Doch das ist ein anderes Thema.

Falls Marx' Vorhersage eintrifft, dass der Kapitalismus aufgrund seiner inneren Widersprüche zusammenbricht, und wenn wir der Einfachheit halber die ökologische und Ressourcenkrise aus der Betrachtung ausklammern, dann übernimmt Schumpeter mit seiner Theorie der *schöpferischen Zerstörung* (Schumpeter 1977 [1934]). Das trug sich in den Dreißigerjahren des 20. Jahrhunderts und danach wieder ab 2008 zu.

2.3 Ist die gegenwärtige Situation reif für den Sozialismus? Grenzen des Wachstums

Als die große Finanzkrise des Jahres 2008 zu einer großen Rezession und einer großen Depression führte, meinten viele Marxisten, dies könnte die letztendliche Krise des Kapitalismus sein. Andere meinten, Marx habe schließlich doch recht gehabt. Man konnte ein erneutes Interesse an der Lektüre des *Kapital* beobachten. Zehn Jahre danach drängt es mich, Schumpeter zu zitieren, der im Jahr 1947 schrieb:

> Die kapitalistische oder sonst eine Ordnung der Dinge kann offenbar zusammenbrechen – oder die wirtschaftliche und soziale Entwicklung kann über sie hinausgehen –, und doch kann es geschehen, dass kein sozialistischer Phönix der Asche entsteigt. (Schumpeter 2018 [1947], 82)

Die große Depression von 2008 und den Folgejahren hat Marx nicht bestätigt, sehr wohl aber wieder einmal Bernstein. So wie während der großen Depression der 1930er Jahre versagte auch diesmal das Proletariat der hoch industrialisierten Länder. Selbst die Proletarier aus den am schwersten betroffenen Ländern wie den USA, Griechenland, Spanien und Italien machten keinerlei Anstalten, den Kapitalismus zu überwinden. Heute erlebt der Kapitalismus in diesen Ländern natürlich keine Blütezeit, aber er ist auch nicht tot. Es scheint, dass Marx völlig falsch lag, als er schrieb, dass „die wahre Schranke der Produktion [...] das Kapital selbst" sei. Ist der Kapitalismus also ein unsterbliches System?

Dem dürfte nicht so sein, denn inzwischen wurde eine neue Schranke entdeckt, nämlich die *Grenzen des Wachstums*, welche, in die Marx'sche Redeweise übersetzt, als Grenzen der Akkumulation, Grenzen der kapitalistischen Produktion aufzufassen wären. Und diese Grenzen sind – im Gegensatz zur Vorstellung von Marx, dass das Kapital selbst die wahre Grenze darstelle – kein bloßes theoretisches Konstrukt. Es sind konkrete und erfahrbare Grenzen der Tragfähigkeit der

Erde: 1. Grenzen des Zugangs zu billigen erneuerbaren und nicht erneuerbaren Ressourcen, die für die industrielle Produktion benötigt werden; 2. Grenzen der Fähigkeit unserer natürlichen Umwelt, die von den Menschen produzierten Schadstoffe wie CO_2 zu absorbieren bzw. zu neutralisieren, d.h. Grenzen der Funktion der Erde als Schadstoffsenke, und 3. Grenzen der Anzahl von Menschen unserer Zeit, die auf der Erde leben können, ohne das ökologische Gleichgewicht ihrer Biosphäre zu zerstören.

Doch diese Grenzen sind *nicht nur eine Schranke der kapitalistischen Produktion, sondern jeglicher Art von industrieller Produktion*, auch einer sozialistischen. Und alle ökologisch informierten Menschen kennen vermutlich die Aussagen seriöser WissenschaftlerInnen, die feststellen, dass wir viele dieser Grenzen bereits überschritten haben. Und Berichte von Journalisten machen deutlich, dass viele der gegenwärtigen menschlichen Gesellschaften bereits kollabiert sind und viele andere recht schnell auf den Zusammenbruch zusteuern: Somalia, die zentralafrikanische Republik, Griechenland, Bolivien, Mexiko, Venezuela, usw.

2.4 Zukunftsaussichten des Ökosozialismus

Nachdem ich das Buch *Die Grenzen des Wachstums* (Meadows 1972) gelesen hatte, erkannte ich, dass diese Entdeckung von einer Bedeutung für Wirtschaft, Politik allgemein und sozioökonomische Politik war, die man mit der kopernikanischen Wende und deren Etablierung eines heliozentrischen Weltbilds vergleichen kann. Wie diese nötigt sie uns nicht weniger als einen *Paradigmenwechsel* (vgl. Kuhn [2]1976) ab, nämlich vom bis heute vorherrschenden Wachstumsparadigma zu dem, was ich das *Paradigma der Grenzen des Wachstums* nenne. Mir kam der Gedanke, dass die Grenzen des Wachstums *die wahre und letzte Schranke sein könnten, die zum Zusammenbruch des*

Kapitalismus führt. Später versetzte mich dies in die Lage, ein anderes und besseres Verständnis der Ursachen des Zusammenbruchs des sowjetischen Modells von Sozialismus zu gewinnen (Sarkar 2001, 43-142). Das bedeutete für mich, dass wir uns nun von der Entwicklung der Produktivkräfte ebenso verabschieden müssen wie vom Wirtschaftswachstum und unsere Kräfte auf wirtschaftliche und ökologische Nachhaltigkeit konzentrieren müssen. Diese aber erfordert ein *Schrumpfen der Wirtschaft*, zumindest in den hoch industrialisierten Ländern.

Darin erkannte ich auch eine neue Notwendigkeit und Rechtfertigung des Sozialismus. Eine sozialistische Gesellschaft wäre, da sie Gleichheit verwirklicht, eine ethisch bessere und deshalb wünschenswertere. Und nur eine solche Gesellschaft könnte, da sie Planung verwirklicht, gewährleisten, dass keine arbeitsfähige Person ohne einkömmliche Beschäftigung wäre, auch in einer schrumpfenden Wirtschaft. Und nur eine solche sozialistische Gesellschaft kann garantieren, dass die Arbeit eines Beschäftigten auch eine gesellschaftlich nützliche ist. Nur in einer solchen Gesellschaft wäre es möglich, dass Arbeiter und Arbeiterinnen eine Politik der bewussten Reduktion der Produktion und des Konsums um der Rettung der Erde willen akzeptieren. Dieses neue Sozialismuskonzept sollte m. E. *Ökosozialismus* genannt werden.

Marx und Engels wussten eine Menge über die ökologischen Probleme und Schäden, die der Kapitalismus (in Wahrheit jegliche Art von Industrialismus) verursacht. Doch da sie keine Grenzen der Produktivkräfte akzeptierten, nahmen sie diese Probleme innerhalb ihrer eigenen Auffassung von Sozialismus nicht ernst. Engels schrieb ausdrücklich:

> Namentlich seit den gewaltigen Fortschritten der Naturwissenschaft in diesem Jahrhundert werden wir mehr und mehr in den Stand gesetzt, auch die entfernteren natürlichen Nachwirkungen wenigstens unsrer gewöhnlichsten Produktionshandlungen kennen und damit beherrschen zu lernen. (MEW 20, 453)

Dieser Webfehler in der Theorie von Marx und Engels wurde auch vom berühmten Marx-Kenner Ted Benton festgestellt. Im Zusammenhang mit der feindseligen Haltung von Marx und Engels Malthus und seinem Bevölkerungsgesetz gegenüber spricht er von einem „Fehler in Marx' ökonomischem Denken", der

> eher aus einer nicht genügend radikalen Kritik der führenden Protagonisten der klassischen politischen Ökonomie herrührt [...]. Es liegt auf der Hand, dieses Defizit als einem mystifizierenden Grundzug des kapitalistischen Wirtschaftslebens selbst geschuldet zu betrachten, doch es steht auch in Zusammenhang mit einem allgemeinen, politisch verständlichen Zögern vonseiten von Marx und Engels, *von der Natur dem menschlichen Vermögen* insbesondere der Schaffung von Wohlstand *auferlegte Grenzen* überhaupt anzuerkennen [...]. Aus politischen Gründen waren Marx und Engels stark und in nachvollziehbarer Weise *gegen die Argumentation mit „natürlichen Grenzen" voreingenommen* ... (Benton 1989, Hervorhebung S. S.)

So viel Verständnis man auch bis 1972 für diese politisch motivierte Einstellung von Marx und Engels gehabt haben mag: Heute muss die marxistische Auffassung von Sozialismus, deren Grundlage eine hartnäckige Weigerung ist, unbequeme Tatsachen zur Kenntnis zu nehmen, als überholt gelten.

Während meiner Arbeit an meinem Buch über Ökosozialismus war ich sehr überrascht zu entdecken, dass Mahatma Gandhi, der weder für seine Gelehrsamkeit noch für sein wissenschaftliches Denken bekannt ist, nur seinen Hausverstand brauchte, um im Jahr 1928 zur Schlussfolgerung zu gelangen, auf die Gelehrte und Wissenschaftler bis 1972 warten mussten. Er schrieb:

> Der Wirtschaftsimperialismus eines einzigen kleinen Inselkönigreichs [Großbritannien] hält heute die Welt in Ketten. Wenn eine ganze Nation von 300 Millionen Menschen eine ähnliche wirtschaftliche Ausbeutung betriebe, dann würde

> sie die Welt wie ein Heuschreckenschwarm kahlfressen. (zit. bei Bandyopadhyay/Shiva 1989)

Und dennoch war es Marx, dem ich den Schlüssel für den theoretischen Gedanken verdanke, dass der Ökosozialismus dort Erfolg haben könnte, wo frühere Sozialismen, die sich mehr oder weniger auf seine und Engels' Theorie stützten, versagten. In seinem Vorwort zu seiner Schrift *Zur Kritik der politischen Ökonomie* schrieb Marx:

> Eine Gesellschaftsformation geht nie unter, bevor alle Produktivkräfte entwickelt sind, für die sie weit genug ist, und neue höhere Produktionsverhältnisse treten nie an die Stelle, bevor die materiellen Existenzbedingungen derselben im Schoß der alten Gesellschaft selbst ausgebrütet worden sind. Daher stellt sich die Menschheit immer nur Aufgaben, die sie lösen kann, denn genauer betrachtet wird sich stets finden, dass die Aufgabe selbst nur entspringt, wo die materiellen Bedingungen ihrer Lösung schon vorhanden oder wenigstens im Prozess ihres Werdens begriffen sind. (MEW 13, 9)

Ich deutete diese Passage folgendermaßen: Die kapitalistische Gesellschaftsordnung ist noch nicht untergegangen, weil sie bis heute der Entwicklung aller Produktivkräfte genug Raum gewährt hat. Doch heute ist diese Frage irrelevant. Denn vor dem Hintergrund der weltweiten ökologischen Krise und der rasch schwindenden Ressourcen muss die Weltwirtschaft und müssen insbesondere die fortgeschrittenen industriellen Ökonomien *auf ein nachhaltiges Maß schrumpfen*. Darin besteht heute die Aufgabe. Technisch ist die Lösung einfach. Es besteht *keine Notwendigkeit, neue Technologien zu entwickeln*. Doch es gibt die politische Notwendigkeit, neue Produktionsverhältnisse zu konzipieren (was schwer ist), die die Erfüllung dieser Aufgabe ermöglichen, ja erleichtern. Eine solche Konzeption gibt es. Sie wird *Ökosozialismus* genannt. Sie ist bereits als Konzept im Schoß der existierenden Gesellschaft herangereift.

An dieser Stelle erhebt sich die Frage, ob diese meine Deutung überhaupt im Einklang mit dem Originalzitat steht, das einen der Hauptpunkte der Geschichtstheorie von Marx und Engels zum Ausdruck bringt. Ganz offensichtlich nicht. Marxisten haben immer behauptet, dass der auf Privateigentum beruhende Kapitalismus eine Fessel für die Entwicklung der Produktivkräfte geworden ist und dass diese Fessel gesprengt werden muss. Als Beispiel seien hier zwei Zitate aus einer frühen Schrift von Engels, *Grundsätze des Kommunismus*, angeführt:

> Es ist klar, dass bisher die Produktivkräfte noch nicht so weit entwickelt waren, dass für alle genug produziert werden konnte, und dass das Privateigentum für diese Produktivkräfte eine *Fessel*, eine Schranke geworden war. (MEW 4, 371; Hervorhebung S. S.)
>
> ... Dass die große Industrie, obwohl sie selbst in ihrer ersten Entwicklungsepoche die freie Konkurrenz erzeugt hat, jetzt dennoch der freien Konkurrenz entwachsen ist; dass die Konkurrenz und überhaupt der Betrieb der industriellen Produktion durch Einzelne für sie eine Fessel geworden ist, welche sie *sprengen* muss ... (MEW 4, 369; Hervorhebung S. S.)

Doch nun sagen wir, dass sich die Produktivkräfte so sehr entwickelt haben, dass sie die Umwelt ebenso zerstören wie die Menschen. Deshalb müssen sie heute *in Fesseln gelegt* und so daran gehindert werden, sich weiter zu entwickeln.

Ich möchte diese Differenz zu Marx und Engels mit einem schönen Zitat von Walter Benjamin, einem berühmten marxistischen Philosophen der 1930er Jahre, zum Ausdruck bringen, der in einer anderen politischen Situation wie der unsrigen schrieb:

> Marx sagt, die Revolutionen sind die Lokomotive der Weltgeschichte. Aber vielleicht ist dem gänzlich anders. Vielleicht sind die Revolutionen der Griff des in diesem Zuge reisenden Menschengeschlechts nach der Notbremse. (Benjamin 1991, 1232)

Heute kann nur der Ökosozialismus aktiv die Notbremse betätigen, um den Zerstörungskurs der Lokomotive des Industrialismus zu stoppen. Doch für diese Aufgabe ist das Proletariat nicht der geeignete Akteur. Die Proletarier sind als Lokführer des Industrialismus ausgebildet und wollen dies auch sein; sie wollen die Lokomotiven so schnell wie möglich rasen lassen. Ihre Sichtweise ist, wenn sie denn überhaupt in irgendeinem Sinne sozialistisch ist, die eines *Füllhorn-Sozialismus*. Der berühmte Philosoph und Psychoanalytiker der Frankfurter Schule, Erich Fromm, der auch Marx sehr bewunderte, meinte, es gebe heute „nur zwei Lager: *die Engagierten und die Gleichgültigen*" (Fromm 1976, 199). Dem stimme ich zu.

Heute ist die Menschheit an einem Punkt angelangt, an dem die marxistische Geschichtstheorie an ihr Ende gelangt ist und eine andere Geschichtstheorie das Staffelholz übernimmt; die von Arnold Toynbee (vgl. Toynbee 1934-1954).[3] Wenn uns der *Zusammenbruch* der derzeitigen Zivilisation vor Augen steht, dann stellt sich nicht die Frage, ob und wie wir die Produktivkräfte weiter entwickeln können, sondern ob wir die verschiedenen Herausforderungen, die sich uns stellen, annehmen können und unsere Zivilisation mittels Schrumpfung zu einer nachhaltigen *verändern* können. Ich meine, dass dies durch Ökosozialismus möglich ist, nicht aber durch einen Marx'schen oder marxistischen *prometheischen Produktivismus*.

[3] Ich habe die zwölf Bände seines monumentalen Werks nicht gelesen, lediglich etliche Beiträge über seine Theorie.

Wie ich auf die Ökologie, das Entropiegesetz und Georgescu-Roegen stieß

Vor einiger Zeit las ich einen amüsanten (wenn auch traurig stimmenden) Schriftwechsel zwischen zwei Fachökonomen: zwischen HF, einem der Nachhaltigkeit verpflichteten Wirtschaftswissenschaftler, und Dr. C, einem ökologischen Ökonomen.

HF hatte Dr. C dafür kritisiert, dass er in seinem Buch über grüne Wirtschaft den Namen Nicholas Georgescu-Roegen nicht einmal erwähnt habe. Dr. C entgegnete: „Natürlich kenne ich Georgescu-Roegen, der für seine Arbeit zu diesem Thema mit dem Nobelpreis ausgezeichnet wurde." Doch wenn man ein Buch schreibe, könne man nicht jeden für das Thema relevanten Autor erwähnen, etc.

Daraufhin bedankte sich HF bei Dr. C für die freundliche Antwort, fügte aber unter anderem hinzu: „Gestatten Sie mir bitte folgenden Kommentar zu ihrer Kenntnis über Georgescu-Roegen: Bemerkenswert, um nicht zu sagen grotesk ist, dass das betreffende Komitee nicht einmal in Betracht gezogen hat, dass Nicholas Georgescu-Roegen als Pionier der ökologischen Ökonomie diese Ehre verdient hätte."

Dies rief bei mir die Erinnerungen wach, die ich auf den folgenden Seiten wiedergeben möchte:

Wer ist dieser Nicholas Georgescu-Roegen? Unter den UmweltaktivistInnen und ökologisch Interessierten gibt es nur wenige, denen dieser Name nicht nur begegnete, sondern die auch sein Hauptwerk *The Entropy Law and the Economic Process* (Georgescu-Roegen 1971) und einige andere Schriften von ihm gelesen haben. Ja ich vermute sogar, dass weder alle Fachökonomen noch die Studierenden der Wirtschaftswissenschaften, Ökonomen auf akademischem Niveau also, eine Vorlesung zu seiner Theorie und seinen Ansichten gehört haben. Diese könnten für die sehr frustrierten jungen Umwelt- und KlimaaktivistInnen heute und für die mit ihnen in Gruppen wie *Fridays for Future, Extinction Rebellion, Last Generation* etc. Verbundenen von Interesse und nützlich, ja äußerst wichtig sein. Deshalb will ich diese Gedanken in einfacher Weise hier darstellen. Da ich kein guter Schriftsteller bin, möchte ich das im Stile eines Großvaters tun, der seinen Enkeln eine Geschichte aus seiner Jugend erzählt. Schließlich bin ich nun 86 Jahre alt, und die AktivistInnen von Fridays for Future und anderen Organisationen könnten tatsächlich meine Enkel bzw. Urenkel sein. Meine LeserInnen mögen mir gewisse Ungenauigkeiten und die spärlichen ins Detail gehenden Hinweise verzeihen.

Als ich neun oder zehn Jahre alt war, hat sich Folgendes ereignet: Wir lebten damals in einem Dorf in Westbengalen (Indien) und waren sechs Kinder zu Hause. Ich war davon das fünfte. Eines Tages stand ich zusammen mit meinem unmittelbar älteren Bruder an einem der vielen Teiche, die es in den Dörfern des südlichen Westbengalen im Allgemeinen gibt. Mein Bruder Dilip war zwar kaum anderthalb Jahre älter, aber viel klüger als ich, der in unserer Familie den Ruf des schlichten Gemüts hatte.

Nun hatte ich eine Frage, die mich viele Tage lang beschäftigt hatte, und ich dachte, Dilip könnte das interessieren. Die mich beunruhigende Frage lautete: Meine Eltern waren anfangs zu zweit, und dann kamen wir sechs Kinder. Wie kann das funktionieren? fragte ich Dilip. Anfangs musste das Gehalt meines Vaters für ihn und seine Frau, meine Mutter, ausreichen. Es war eine Familie mit zwei Mitgliedern. Doch innerhalb von zwölf Jahren wurden daraus acht Familienmitglieder.

Dilip war wirklich klug. Er sagte: Schau doch auf den Teich, Dummerchen. Vor vier Monaten hatte der Teich nur so viel Wasser (er deutete den Wasserspiegel mit seinen Fingern an). Und nun? Nach diesen paar Monaten ist er voll. Millionen Regentropfen fielen vom Himmel in den Teich. Sie werden wieder verschwinden, aber das ist kein Problem. Das geschieht jedes Jahr. Ich verstand die Logik seines Beispiels. Ich war beruhigt, aber es war nicht wirklich befriedigend. Ich konnte die Ähnlichkeit zwischen dem Teich und dem Wachstum unserer Familie nicht begreifen.

Jahrzehnte später sollte ich es verstehen. Dilip hatte über ein nachhaltiges System gesprochen, während ich vom exponentiellen Wachstum eines nicht nachhaltigen Systems beunruhigt war. Mir war damals kaum bewusst, dass wir über eines der großen Themen der Ökologie und Wirtschaft gesprochen hatten.

Ähnliche Fragen tauchten im College auf, in dem politische Ökonomie eines meiner Fächer war. Eines Tages sprach der Lehrer über die malthusianische Bevölkerungstheorie. Dazu sollte man wissen, dass Indien in den 1950er Jahren ein stark von Armut gebeuteltes Land war. Ich konnte es in dem Dorf, in dem ich meine Kindheit verbrachte, ebenso sehen wie in Kalkutta, wo wir in den 1950er Jahren lebten. Ich war siebzehn Jahre alt, und Kalkutta war damals eine Brutstätte linker Politik. Alle Arten von kommunistischen und sozialistischen Parteien fanden hier eine große Anhängerschaft. Und die Fakultäten für Sozial- und Humanwissenschaften unseres College waren voller kommunistischer und marxistischer Lehrkräfte. Wie zu erwarten lehnte dieser besagte Vortragende die Malthus'sche Bevölkerungstheorie ab. Ich erinnere mich nur noch an einen Satz aus seiner Vorlesung: „Ein Mensch wird nicht nur mit einem Mund geboren, sondern auch mit zwei Händen."

In diesen Tagen war es für mich im beeindruckenden Alter von siebzehn Jahren in einem von Armut heimgesuchten Land wie Indien unmöglich, mich dem Einfluss des Kommunismus und Marxismus zu entziehen, insbesondere in Kalkutta. Ich eignete mir viel an marxistischer und sozialistischer bzw. kommunistischer Ideologie an. Doch ich war mit der marxistischen Ablehnung Malthus' unzufrieden. Viel später dachte ich, dass Marx einfach stur und einem anderen Denker gegenüber ungerecht war, der einen Teil der Wahrheit über die Lage der Menschen formuliert hatte. Doch die 1950er- und auch die 1960er Jahre waren die Zeit des Glaubens an einen ewigen Fortschritt, grenzenlose Entwicklung und an die Wunder, die Technik und Wissenschaft auch uns in Indien bescheren würden.

Dieser Glaube wurde in den 1970er Jahren erschüttert.

Ich wurde weder Wirtschaftswissenschaftler noch Politologe. Ich studierte Deutsch, auch in Deutschland, und wurde Lektor für Deutsch in Hyderabad, einer großen Stadt in Südindien. Eines Tages, in den späten 1960er- oder frühen 1970er Jahren, kam ein berühmter Schauspieler und Dramaturg aus Bengalen nach Hyderabad. Der Mann war auch allgemein als Intellektueller bekannt. Deshalb luden ihn die in Hyderabad lebenden Bengalen ein, an einem ihrer Treffen zu sprechen, und zwar zu einem Thema seiner Wahl. Es war ein weitschweifiger Vortrag. Doch an eine Sache davon erinnere ich mich heute noch:

Shambhu Mitra – das war der Name des berühmten Schauspielers – sagte im Lauf seiner Rede, er habe vor Kurzem ein sehr interessantes kleines Buch, einen Vortrag von einem britischen Intellektuellen namens C. P. Snow gelesen. In dem Vortrag mit dem Titel *Die beiden Kulturen* bedauerte es Snow, dass in seinem Land Naturwissenschaftler im Allgemeinen kein Interesse an Geistes- und Humanwissenschaften hätten und umgekehrt Geistes- und Humanwissenschaftler im Allgemeinen die Naturwissenschaften ignorierten, dass es kaum einen Gedankenaustausch zwischen den beiden Gruppen von Intellektuellen gebe. Snow rief die beiden der gesellschaftlichen Elite angehörenden Gruppen dazu auf, sich mehr für das Denken der jeweils anderen zu interessieren. Er sagte etwa: Um die Rolle als Elite des Landes besser erfüllen zu können, „muss nicht nur ein Professor der Physik mehr von den Werken Shakespeares lesen, sondern ein Professor irgendeiner der Humanwissenschaften sollte zum Beispiel auch wissen, was der zweite Hauptsatz der Wärmelehre besagt" (aus dem Gedächtnis zitiert; S. S.).

Ich hatte gedacht, ich würde zur Bildungselite Indiens gehören, und wusste dennoch nicht, was der zweite Hauptsatz der Wärmelehre war. Ich wollte etwas darüber wissen. In den frühen 1970er Jahren gab es in Indien keine Computer und erst recht kein Wikipedia. Also fragte ich meine Studenten, von denen viele Ingenieure waren oder Ingenieurswissenschaften studierten. Unter ihnen gab es auch einige Physikdozenten. Doch niemand von ihnen konnte mir eine Antwort geben. Meistens sagten sie, sie hätten davon gehört, aber es sei für ihr Studium und ihren künftigen Beruf nicht so wichtig. Nach einigen fehlgeschlagenen Versuchen traf ich auf einen Geophysiker, der zu wissen schien, worum es sich dabei handelt. Doch er war damals in Eile. Er sagte: „Wenn du das wissen willst, musst du dich erst darüber schlau machen, was *Entropie* ist", und eilte davon. Und ich fragte mich die ganze Zeit, warum es für mich so wichtig sein sollte, etwas über diese Dinge zu wissen. Einige Jahre später verstand ich.

Im Jahr 1972 las ich das Buch *Die Grenzen des Wachstums* (Meadows et al. 1972), den ersten Bericht des Club of Rome. Es war für mich ein Schock wie für so viele, die bis dahin von wirtschaftlicher Entwicklung, Fortschritt, Entwicklung der Wissenschaften, Sozialismus, Kapitalismus mit einem menschlichen Antlitz und dergleichen geredet hatten. Ich dachte: Wenn das, was in diesem Buch steht, wahr ist, dann hilft nichts mehr. Keine wissenschaftlichen Entdeckungen und Erfindungen und keine Planung würden helfen, wenn die wesentlichen Ressourcen begrenzt und endlich sind.

Doch war dies alles tatsächlich wahr? Es gab viele, die es ablehnten, sich beunruhigen zu lassen. So etwa Prof. Beckermann, um nur ein Beispiel zu nennen. Er war Dekan der Fakultät der Wirtschaftswissenschaften an der Universität Oxford. Er schrieb, dass die innerhalb der oberen Meile der Erdkruste enthaltenen Mineralien genügen würden, um die nächsten hundert Millionen Jahre ein fortgesetztes Wachstum zu garantieren. Andere schrieben über die Möglichkeiten, seltene Ressourcen durch reichlicher vorhandene zu ersetzen. Noch optimistischere Leute dachten an ein hundertprozentiges Recyceln von endlichen Ressourcen. Insgesamt lehnte die überwältigende Mehrheit der Wirtschaftswissenschaftler und Experten auf den entsprechenden Gebieten ebenso wie die einfachen Leute auf der Straße es ab, die Ansicht zu teilen, dass es Grenzen des wirtschaftlichen Wachstums gebe.

Ich las auch das Protokoll eines Treffens bedeutender sowjetischer Wissenschaftler, die mit den höchsten Instanzen des Staates in Verbindung waren. Sie stimmten Meadows und seinen KoautorInnen hinsichtlich der Fakten und Analysen zu. Sie gaben zu, dass die aufgezeigten Grenzen ein Problem darstellten, doch sie kritisierten die AutorInnen, weil sie nicht berücksichtigt hätten, dass eine sozialistische Gesellschaft dieses Problem anders als eine kapitalistische anginge. Allerdings arbeiteten sie nicht heraus, worin diese andere Herangehensweise bestehen sollte.

Was die Energie betrifft, so konnte niemand bestreiten, dass fossile Quellen oder spaltbares Material wie Uran und Thorium endlich sind. Und jeder gestand zu, dass verausgabte Energie nicht recycelt werden konnte. Doch das Hauptproblem in Bezug auf Kernreaktoren war eher die Gefahr von Atomunfällen und radioaktiver Verseuchung als das der Endlichkeit der Ressourcen. Die einzige Frage in diesem Zusammenhang war, ob die Risiken akzeptabel seien oder nicht. Seit 1974 gab es (z.B. in Whyl in Deutschland) heftigen Widerstand vonseiten der Menschen gegen den Bau weiterer Atomkraftwerke. Auch die riesigen Baukosten solcher Kraftwerke und die notwendigen Sicherheitsmaßnahmen waren ein stark abschreckender Faktor.

Was also war die Lösung für das Energieproblem, die die Optimisten anboten? Fossile Quellen waren ausgeschlossen, denn sie waren nicht nur endlich, sondern auch verschmutzend und verantwortlich für die globale Erwärmung. Kernspaltung war zu riskant und zu teuer. Kernfusion war (und ist immer noch) nicht entwickelt. Die ganze Welt für die Gewinnung von Energie abzuholzen, kam überhaupt nicht infrage.

Die kinetische Energie des Windes und die Wärmeenergie der Sonne sind den Menschen seit jeher bekannt. Beide Quellen sind unerschöpflich (erneuerbar) und nicht verschmutzend. Es ist auch möglich, aus ihnen Elektrizität zu gewinnen. Seit einigen Jahrzehnten haben alle möglichen Umweltschützer und Grünen eine ökologische Ökonomie hauptsächlich auf der Basis von Elektrizität aus den beiden genannten erneuerbaren Quellen vorgeschlagen. Heute sind „saubere Energie", „Dekarbonisierung" der Wirtschaft, „grüner Wasserstoff", „Energiewende", „grünes Wachstum", „100 % Erneuerbare", „nachhaltige Entwicklung" usw. die großen Schlagworte, sozusagen Glaubenssätze geworden, obwohl sie bislang nur Slogans geblieben sind.

Diese Vorschläge klangen anfangs so attraktiv, dass ich in den frühen 1980er Jahren selbst in oberflächlicher Weise dachte, dies wäre eine plausible Idee. Doch bald schon begannen Zweifel in mir hochzusteigen. Wenn dies alles nicht bloß Slogans wären, sondern Hoffnungen auf substanzieller wissenschaftlicher Grundlage: Warum plädierten dann einige AktivistInnen immer noch für Erdgas als fossilen Ersatz für Kohle? Erdgas ist möglicherweise ein kleineres Übel als Kohle und Öl, doch es ist dennoch ein fossiler Brennstoff. Oder warum plädierten einige hochangesehene Umweltwissenschaftler wie etwa der aufgrund seiner Gaia-Hypothese berühmte James Lovelock in seinen späten Jahren für mehr Kernkraftwerke und nicht Windenergie als Ersatz für fossile Brennstoffe in Großbritannien?

Mitte der 1980er Jahre stieß ich schließlich auf ein populärwissenschaftliches Buch mit dem Titel *Entropie* von Jeremy Rifkin (Rifkin 1985). Darin fand ich auch einen Hinweis auf einen wissenschaftlichen Aufsatz von Nicholas Georgescu-Roegen zur Frage der Solarenergie (Georgescu-Roegen 1978), die zur Zeit der Abfassung dieses Beitrags (1978) noch kein Glaubensartikel aller UmweltaktivistInnen und Grünen war. Ich las den Aufsatz, sobald ich ihn bekommen konnte. Darin traf Georgescu-Roegen die Unterscheidung zwischen *Machbarkeit* (*feasibility*) und *Lebensfähigkeit* (*viability*) und kam zur Schlussfolgerung, dass elektrische Energie aus Sonnenlicht (Photovoltaik) natürlich machbar, aber nicht lebensfähig ist. Ich kann hier nicht den ganzen Aufsatz wiedergeben. Aber es ist hier Platz genug für einige Passagen daraus. Darüber hinaus verweise ich auf mein Buch (Sarkar 2001), in dem ich seine Argumentation zusammengefasst habe. Georgescu-Roegen schrieb sinngemäß: *Kann die zweite Generation von Anlagen mithilfe der Solarenergie produziert werden, die man aus der ersten Generation gewonnen hat?* Seine Antwort lautete: Eine lebensfähige Energie ist eine, die sich, nachdem sie mithilfe von früheren Technologien überhaupt erst geschaffen wurde, selbst reproduzieren kann. Um das zu veranschaulichen, führte er folgendes Beispiel an:

> Der erste Bronzehammer [...] wurde mithilfe einiger Steinhämmer hergestellt. Doch von nun an wurden alle Bronzehämmer nur noch mit Bronzehämmern hergestellt. (Georgescu-Roegen 1978, 18)

Um ein Beispiel aus dem Energiebereich anzuführen: Die erste Tonne Kohle wurde mithilfe von menschlicher und tierischer Muskelkraft abgebaut. Doch bald schon produzierten Maschinen mithilfe von Energie aus Kohle die nötige Ausrüstung, um Kohle zu gewinnen, und diese technische Ausrüstung wurde ebenfalls mit Kohleenergie betrieben. Bei der Solarenergie ist dies aber nicht der Fall. Die gesamte nötige technische Ausrüstung einschließlich der Solarmodule wird auf der Grundlage von anderer Energie als der Sonnenenergie, auf der Grundlage von Kohle, Öl, Uran, etc. hergestellt. Solarenergie ist deshalb nur so lange machbar, solange andere Energiequellen zur Verfügung stehen. Das heißt, sie ist nicht lebensfähig:

> Tatsache ist, dass jedes im Moment durchführbare Rezept zur direkten Nutzung der Sonnenenergie gewissermaßen ein „Parasit" der gegenwärtigen Technologie ist, die hauptsächlich auf fossilen Brennstoffen basiert. Die gesamte notwendige Ausstattung [...] wird mit Verfahren produziert, die auf anderen Energiequellen als der Sonne beruhen. Und es versteht sich von selbst, dass es jeder Solartechnologie, die auf den gegenwärtig durchführbaren Verfahren beruht, wie allen Parasiten ergeht: Sie wird nur so lange existieren, wie der „Wirt" überlebt ... Da die Intensität der Sonnenstrahlung, die den Erdboden erreicht, extrem gering ist, benötigt man zu ihrer Sammlung ein riesiges materielles Rüstzeug ... Es ist plausibel, dass die Schwierigkeiten schließlich doch unüberwindbar sind, vorausgesetzt, dass die Intensität der Sonnenstrahlung eine kosmologische Konstante jenseits unserer Kontrolle ist. (zit. bei Rifkin 1985, 228-229)

Als die Stromerzeugung aus Photovoltaik dann eine dominierende Stellung bekam, blieb doch das Argument weiter gültig: machbar, aber nicht lebensfähig. Heute werden, wie wir wissen, 70 % aller in der ganzen Welt verkauften Photovoltaik-Paneele in China hergestellt, wo die Kohle bei Weitem die größte Energiequelle ist, und keineswegs Sonne, Wind oder Wasser.

Dasselbe gilt für die Stromerzeugung aus Windenergie. Die Turbinen, die Rotorblätter, die Beton- oder Stahltürme etc. – alles wird mithilfe von Energie aus hauptsächlich konventionellen Quellen erzeugt.

Ich habe dieses Thema in zahlreichen Aufsätzen behandelt, die alle auf meinem Blog bzw. in zwei auf Englisch erschienenen Bänden veröffentlicht wurden (Sarkar 2023). Deshalb muss ich darauf nicht mehr weiter eingehen. Zusammengefasst: Georgescu-Roegen zufolge könnte es unmöglich sein, dieses Problem zu lösen, da die Intensität der Sonneneinstrahlung, die auf der Erde eintrifft, äußerst gering ist. Und weder Sonne noch Wind sind die ganze Zeit über verfügbar.

Hier kommt der *zweite Hauptsatz der Wärmelehre* ins Spiel, den man oftmals auch das *Entropiegesetz* nennt.[4] Im Inneren der Sonne und an ihrer Oberfläche ist die Temperatur unvorstellbar hoch. Doch wenn die Sonnenstrahlung die Erdoberfläche erreicht, ist sie demgegenüber sehr niedrig. Auf ihrem Weg zur Erde streut das Sonnenlicht, seine Entropie nimmt zu. Um es für die Stromerzeugung zu nutzen, müssen wir das zerstreute Sonnenlicht (bzw. die Wärme, wenn es um Solarthermie oder Solarkraftwerke geht) verfügbar machen, sammeln, konzentrieren, und zwar mithilfe von Solarpaneelen von Photovoltaikanlagen, Kollektoren solarthermischer Anlagen oder Spiegeln für Solarkraftwerke (z.B. Parabolrinnenkraftwerke). Diese Ausrüstung und alles, was von A bis Z für ihre Installation nötig ist, müssen zunächst produziert werden, und zwar mithilfe von Energie aus anderen Quellen, und es ist üblicherweise mehr Energie, als am Ende von den Solaranlagen produziert wird. Das heißt: *Ihre Energiebilanz ist negativ.* Dasselbe gilt für Windstrom.

[4] Der zweite Hauptsatz der Wärmelehre besagt, dass die Entropie im Lauf der Zeit immer zunimmt. Ich benutze lieber den Ausdruck *Entropiegesetz*, denn „Wärme" oder „Thermodynamik" könnte die irrtümliche Annahme nahelegen, dass dieses Gesetz lediglich für die Wärmenutzung gilt. Doch wie Georgescu-Roegen an anderer Stelle ausgeführt hat, kommt es auch beim Gebrauch von Materie zu unvermeidlicher Dissipation (vgl. Adler 2022, 258-262).

Georgescu-Roegen betonte: Auch Materie unterliegt der zunehmenden Entropie, wenn wir sie für irgendeinen Zweck benutzen. Im alltäglichen Sprachgebrauch reden wir von Verschleiß. In industriellen Produktionsprozessen führt dies zu Abfallproduktion. Abfall kann natürlich recycelt werden, doch dies erfordert wiederum Energie. Darüber hinaus geht ein Teil der Materie unwiederbringlich verloren, weshalb hundertprozentiges Recyceln nicht möglich ist.

Alle Wissenschaftler stimmen darin überein, dass es sich beim Entropiegesetz um ein allgemeines, universal gültiges Gesetz handelt, das niemals außer Kraft gesetzt werden kann. Es wirkt sich überall aus, auch in Gesellschaften. Viel später las ich ein Buch mit dem Titel *Soziale Entropie* von Manfred Wöhlcke (vgl. Wöhlcke 1996). Darin behauptet der Autor, dass das Entropiegesetz am Werk ist, wenn wir feststellen, dass ehemals gut funktionierende Gesellschaften mit einem entsprechenden sozialen Zusammenhalt zusammenbrechen (sozusagen dissipieren) und Staaten zu sogenannten *failed states*, gescheiterten Staaten, werden.

In den 1980er Jahren verfolgte ich eine Debatte in der Zeitschrift *The Ecologist*, die damals das führende theoretische Organ für ÖkologInnen und UmweltaktivistInnen war. Edward Goldsmith, der Herausgeber der Zeitschrift und einer der führenden Autoren auf diesem Gebiet, versuchte darin im Gegensatz zu Georgescu-Roegen die Allgemeingültigkeit und Unbestreitbarkeit des Entropiegesetzes zu widerlegen. Er führte das Beispiel der Pflanzen an, die von selbst aus dem Boden hervorsprießen, sobald die vorherige Generation abgestorben ist.

Auf Goldsmith' „Widerlegung" erwiderte Georgescu-Roegen, dass sich Pflanzen nicht aufgrund irgendeiner mystischen endlosen Energiequelle reproduzieren, sondern dass es dieselbe Sonnenenergie ist, die es ihnen wie allem Leben möglich macht, und dass dieser Prozess aufgrund des Entropiegesetzes an ein Ende gelangen würde, sobald die Sonne nicht mehr ist. Das Hauptwerk von Georgescu-Roegen trägt denn auch den Titel *The Entropy Law and the Economic Process* (Georgescu-Roegen 1971).

Zum Schluss

In den 1960er und 1970er Jahren, als Georgescu-Roegen seine wichtigsten Bücher und Artikel schrieb, die ich allesamt lesen konnte, konzentrierte er sich darauf, dass die Ressourcen, die wir brauchen, nicht erneuerbar und endlich sind. Die Vorkommen nicht erneuerbarer Energiequellen und Mineralien in einem Zustand niedriger Entropie nannte er „die begrenzte Mitgift des Erdenlebens der Menschheit" (Georgescu-Roegen 1971, 296). Eine Mitgift ist nicht nur begrenzt, sondern auch eine einmalige Gabe. Deshalb gelangt Georgescu-Roegen zur logischen Schlussfolgerung:

> Selbst bei einer stabilen Bevölkerungszahl und einem konstanten Pro-Kopf-Verbrauch mineralischer Rohstoffe wird die Mitgift der Menschheit letztlich zur Neige gehen, wenn die Laufbahn der Spezies Mensch nicht schon vorher durch andere Faktoren zu Ende geht. (Georgescu-Roegen 1971, 296)[5]

Mit „anderen Faktoren" muss er wohl einen Atomkrieg zwischen den Supermächten gemeint haben. Die globale Erwärmung war bis zur zweiten Hälfte der 1980er Jahre noch kein Thema. Doch heute fürchten WissenschaftlerInnen bekanntlich, dass die Erde aufgrund der globalen Erwärmung bald ein „unbewohnbarer Planet" werden könnte, wie es ein Buchtitel aus dem Jahr 2019 nahelegt (Wallace-Wells 2019). Doch das Ressourcenproblem ist deshalb nicht einfach ver-

[5] Hier zitiert er zustimmend aus W. Stanley Jevons' Buch The Coal Question (Jevons 2022 [1865]).

schwunden. Ich meine, es kann nicht gelöst werden, denn unsere gesamte gegenwärtige Wirtschaft hat mineralische Rohstoffe zu ihrer Grundlage, und sie sind die Voraussetzung ihres Funktionierens.

Was die Zukunft der Menschheit auf Erden betrifft, schrieb Georgescu-Roegen in einem Anfall von Pessimismus:

> Wird die Menschheit sich irgendeinem Programm fügen, das eine Einschränkung ihres Hangs zu exosomatischer Bequemlichkeit beinhaltet? Vielleicht ist es die Bestimmung des Menschen, eher ein kurzes, aber feuriges, aufregendes und extravagantes Leben zu führen als eine lange, ereignislose, vegetative Existenz zu haben. Mögen andere Spezies wie zum Beispiel die Amöben, die keinerlei spirituellen Ehrgeiz besitzen, eine Erde erben, die immer noch in eine Fülle von Sonnenlicht getaucht ist. (Georgescu-Roegen 1976, 35)

Ich meine, dass Georgescu-Roegen hier ein Fehler unterlief. Was zu Ende gehen wird, ist eben nicht die Laufbahn der Spezies Mensch auf der Erde, sondern der Erfolgskurs der Industriegesellschaft. Die Spezies Mensch lebte auf dem Planeten schon lange bevor irgendwelche Ressourcen aus dem Boden geholt wurden.

Die Rettung des Planeten auf Amerikanisch

Eine kritische Auseinandersetzung mit einigen Denkansätzen

Der Planet Erde, unser Habitat, ist in einer ernsten Notlage. Und unsere Welt leidet unter verschiedenen Krisen, Konflikten und Problemen. Es gibt kaum Anzeichen dafür, dass ernsthaft etwas dafür getan wird, diese Probleme zu lösen.

Einige Amerikaner – keine Regierungsangehörigen, keine Gewerkschaftsführer, sondern AktivistInnen aus der Zivilgesellschaft – haben nun ihre Bereitschaft bekundet, die Erde und damit die Welt zu retten. Nur diese Nation – so scheinen sie zu meinen – kann dank ihrer außergewöhnlichen militärischen und wirtschaftlichen Macht wirklich etwas tun, um diese Aufgabe zu übernehmen. Sie haben nicht nur allgemein über Lösungen gesprochen, sondern mehr oder weniger detaillierte und offensichtlich gut begründete Handlungsstrategien ausgearbeitet. Diese Pläne werden nun auf breiter Basis und ernsthaft diskutiert. Sie stammen aus der Zivilgesellschaft. Man kann diese Organisationen auch Basisbewegungen nennen, auch wenn sie so groß und finanziell so gut ausgestattet sind, dass man sie mit großen Lobbyorganisationen vergleichen kann, die einen Zugang zur Macht haben. Das heißt:

Man kann sie keiner verborgenen Absichten verdächtigen. Ich habe nun zwei dieser Pläne und zwei Diskussionspapiere dazu gelesen.

Einer dieser Pläne trägt die Überschrift *Die Welt im Krieg* und stammt von Bill McKibben, dem Gründer der NGO 350.org, die zu den Hauptorganisatoren der großen Demonstration in New York im September 2014 zählt. McKibben war ein Mitglied des Komitees, welches das Programm der Demokratischen Partei für die Präsidentschaftswahlen in den USA 2016 entwarf und dann beschloss. Ich werde diesen Plan zuerst diskutieren (McKibben 2016), da mit ihm die ganze Diskussion ihren Anfang nahm. Die *Klimamobilisierung*, für die Ezra Silk den ersten Entwurf eines detaillierten Aktionsplans vorgelegt hat, schließt sich im Großen und Ganzen den Hauptgedanken von McKibben an.

1 Falsche Analyse und falsche Diagnose

McKibben vergleicht die Anstrengung, zu der er aufruft, mit der eines „Krieges", nämlich der gewaltigen Mobilisierung von Militär und Industrie der USA während des Zweiten Weltkriegs. Man kann nun aber keinen Krieg führen, ohne den Feind zu kennen! Hier begeht McKibben seinen ersten großen Fehler hinsichtlich der Analyse, auch wenn „Krieg" hier nur als Metapher dient. Der Feind, so meint er, sei der Klimawandel. In seiner Vorstellung begeht dieser Feind einen ungeheuren Akt der Aggression gegen uns, die Welt, als ob er über so etwas wie einen satanischen Willen verfügen würde. An einer Stelle nennt er ihn einen *„so mächtigen und so unerbittlichen Feind wie die Gesetze der Physik"*.

Nichts könnte absurder sein als diese Analyse der Situation. Jeder mit etwas Hausverstand, auch McKibben, weiß, dass der Klimawandel lediglich das Ergebnis von etwas anderem ist. Natürlich sind die so oft eintretenden Extremwetterlagen zum

Großteil vom Klimawandel verursacht, der seinerseits wiederum auf die globale Erwärmung zurückgeht. Doch auch die globale Erwärmung ist letztlich nicht der „Feind". Wir wissen heute, dass sie menschengemacht ist. Für einen kurzen Augenblick hat auch McKibben diesen Fehler erkannt. Er selbst erwähnt in einem Halbsatz *„unser unersättliches Begehren als Konsumenten"*, doch er versäumt es, dies als die zutreffende Diagnose der Krankheit zu benennen.

All dies sollte uns nicht wirklich überraschen. Bereits im 19. Jahrhundert machte Engels einen ganz ähnlichen Fehler, als er schrieb:

> Schmeicheln wir uns indes nicht zu sehr mit unsern menschlichen Siegen über die Natur. Für jeden solchen Sieg rächt sie sich an uns. (MEW 20, 453)

Als ob die Natur ein Lebewesen mit menschenähnlichen Charakterzügen wäre, zornig werden und Rache üben könnte, wenn sie von irgendeinem Feind verletzt wurde. James Lovelock jedoch, der die Natur mit der antiken griechischen Erdgöttin Gaia in Verbindung brachte, schrieb:

> Es mag sein, dass sich der weiße heiße Ausschlag letztlich für unsere eigene Spezies als zerstörerisch und schmerzhaft erweisen wird, doch die Annahme, dass die industriellen Aktivitäten auf ihrem derzeitigen Niveau oder in unmittelbarer Zukunft das Leben Gaias als ganzes gefährden, beruht in der Tat auf einem sehr schwachen Fundament. (Lovelock 1987, 10)

Das heißt: Lovelocks Theorie besagt, dass Gaia bloß besorgt um die fortgesetzte Existenz des Lebens auf Erden ist. Sie wird es garantieren. Doch ob in der künftigen Biosphäre noch Menschen Platz haben werden, ist für sie kein Anlass zur Sorge. Diese ihre Gleichgültigkeit unserem Schicksal gegenüber mag uns traurig machen, doch das ist kein guter Grund dafür, unsere Antwort auf den Klimawandel so wie McKibben als Dritten Weltkrieg aufzufassen.

2 Falsche Strategie, falsches Rezept

Wir mögen McKibben seine Kriegsmetapher im Sinne einer poetischen Ausdrucksweise zugestehen. Doch wenn ein General die Kriegssituation falsch analysiert oder, um es in der Sprache der Medizin auszudrücken, wenn die Diagnose falsch ist, dann könnten die Strategie oder die verordnete Arznei mehr Schaden anrichten als von Nutzen sein. McKibbens Rezept, die riesige Dosis einer falschen Medizin, nämlich eine gewaltige Mobilisierung für den Dritten Weltkrieg, den der Klimawandel angeblich gegen uns führt, ist in der Tat unangemessen. McKibben hätte eine viel leichtere und effektivere Medizin verschreiben bzw. eine einfachere Strategie anwenden können, um den „weißen heißen Ausschlag", das heißt die globale Erwärmung, zu kurieren, wenn er sein Rezept auf der Grundlage seiner korrekteren Analyse bzw. Diagnose ausgestellt hätte, nämlich auf seinem Halbsatz von „unserem unersättlichen Begehren als Konsumenten".

Jeder Linke welcher Strömung auch immer würde von dem unersättlichen Streben der *Kapitalisten* nach Profit und Kapitalakkumulation als der Hauptursache unserer Schwierigkeiten sprechen. Er oder sie würde uns zum Klassenkampf aufrufen. Doch Engels' Diagnose war viel besser, viel umfassender. Er sprach von „uns" und von „unsern menschlichen Siegen über die Natur" als der Ursache, die die Rache der Natur auslöste. Doch dieser weise Mann des 19. Jahrhunderts, eines Jahrhunderts voller wissenschaftlichem und technischem Optimismus, konnte an keine andere Medizin denken als an eine höhere Dosis von demselben Gift, das die Krankheit zuallererst verursacht hatte. Er schreibt,

> ... dass unsre ganze Herrschaft über sie [die Natur] darin besteht, im Vorzug vor allen andern Geschöpfen ihre Gesetze erkennen und *richtig anwenden zu können.* [...] Namentlich seit den gewaltigen Fortschritten der Naturwissenschaft in diesem Jahrhundert werden wir mehr und

> mehr in den Stand gesetzt, auch die entfernteren natürlichen Nachwirkungen wenigstens unsrer gewöhnlichsten Produktionshandlungen kennen und damit beherrschen zu lernen. (MEW 20, 453; Hervorhebung S. S.)

McKibben gehört dem Lager Bernie Sanders' an, der sich kühn und offenherzig zum demokratischen Sozialismus bekannte. Doch wie Sanders ist auch er nicht bereit, nach dem Beispiel Engels' den Kapitalismus zu verurteilen, geschweige denn, ihn offen zu bekämpfen. Dennoch eignet er sich die hier zitierte andere Auffassung Engels' an und bekämpft den Klimawandel nur mit technischen Mitteln. Vom Optimismus geblendet, meinen solche Leute, dass ein Übergang zu 100 % erneuerbarer Energie möglich wäre. Sie sagen: Wir brauchen mehr Technik, nicht weniger. Sie behaupten, *alle* Krisen und Probleme der Menschheit mit technischen Mitteln lösen zu können. Ich hörte bereits im Jahr 1984, dass das Speicherproblem der volatilen erneuerbaren Energien gelöst wäre, hauptsächlich durch flüssigen Wasserstoff.

3 Machbarkeit und Lebensfähigkeit

Gestützt auf Berechnungen einiger Wissenschaftler und Ingenieure aus den USA zeigt McKibben auf, welch ungeheure Anstrengung nötig wäre, um den energetischen Übergang in den USA bis etwa 2050 vollständig vollzogen zu haben. Sie wäre vergleichbar mit der gesamten industriellen Mobilisierung, die in den USA nötig war, um den Zweiten Weltkrieg zu gewinnen. Er schreibt:

> ... man müsste *verdammt viele Fabriken* bauen, die Tausende von Acres[6] Solarpaneele produzieren, und Windräder von der Länge von Football-Feldern, und Millionen Elektroautos und Elektrobusse (McKibben 2016).

[6] Amerikanisches und englisches Flächenmaß, das 4047 m² entspricht.

David Roberts veranschaulicht dies:

> Werfen wir also einen Blick auf die Gigafabrik von Solar City [...]. Sie wird die größte Anlage für den Bau von Solaranlagen sein, 27 Acres umfassen und in der Lage sein, 10.000 Solarpaneele pro Tag auszustoßen – was einem Gigawatt im Jahr entspricht. Auf dem Höhepunkt des Übergangs zu WWS [wind, water, sun = Wind, Wasser, Sonne] müsste die USA etwa dreißig Gigafabriken im Jahr für Solarpaneele und weitere 15 im Jahr für Windräder bauen. Das sind 45 Fabriken in einer Größenordnung, wie sie noch nie gebaut wurden. Das ist [selbst für einen Amerikaner] eine atemberaubende Größenordnung an Gebäuden. (Roberts 2016)

Roberts bemerkt dazu: „Das würde heißen, eine große Menge an Scheiße zu bauen." Ich stimme dem zu, und in der Tat würde dies am Ende auch in der Produktion von verdammt viel Scheiße am Tag münden. Man denke nur an die ökologischen Auswirkungen von alledem. Und da McKibben vermutlich ein Internationalist ist, sollten wohl ihm zufolge ähnliche Übergänge zu 100 % „sauberer Energie" wenigstens in allen G-20-Staaten stattfinden. Das ist unumgänglich, denn ein Übergang, der sich nur auf die USA beschränkte, wäre nicht genug, um den „Krieg" gegen den Klimawandel zu gewinnen.

Man denke nun an die Menge nicht erneuerbarer Ressourcen, die zusätzlich zu der bereits abgebauten Menge der Erde entnommen werden müssten, um diese Mobilisierung durchzuführen. Man denke an die baumlosen Narben auf der Oberfläche der Erde und an die tiefen Krater, die der Bergbau hinterlassen würde und die zu den bereits vorhandenen hinzukämen. Man denke an die Menge von dabei anfallendem Abfall zusätzlich zu dem bereits erzeugten. Und man denke an die zusätzliche Zahl von Mülldeponien, die dafür erforderlich sind. Ja mehr noch: Wenn wir alle fossilen und Atomkraftwerke abgebaut haben: Wo wird dann der entsprechende Müll gelagert? Wird das nicht die Hölle auf Erden sein?

Man sollte sich ins Gedächtnis rufen, dass alle Maschinen und Produkte verschleißen und eine begrenzte Lebensspanne aufweisen. Das gilt auch für Solarpaneele, Windräder und die Maschinen, mithilfe derer wir sie erzeugen. Sie müssen früher oder später ersetzt werden. Das gilt selbst für Fabrikgebäude. Dabei bedenke man auch, dass anorganische nichterneuerbare Materialien nicht vollständig recycelt werden können, denn das Entropiegesetz gilt auch für die Materie. Viele Menschen aus der Ökologiebewegung sagen nun bereits seit Jahren: Wenn es so weitergeht wie bisher, dann brauchen wir Menschen bald mindestens zwei weitere Planeten: einen als unsere Ressourcenbasis und einen weiteren als unsere Mülldeponie. Doch Scherz beiseite: *Eine industrielle Ökonomie, wie sie sich McKibben vorstellt, wäre* selbst dann, wenn sie irgendwie realisiert werden könnte, *nicht lebensfähig*. Sie würde bald zusammenbrechen.

Ich frage mich, warum McKibben all dies nicht bedenken konnte, als er seinen Aufruf für eine industrielle Mobilisierung ähnlich der des Zweiten Weltkriegs veröffentlicht hat. Schließlich weiß er mit Sicherheit genug über den wahren Produktionsprozess im Industriezeitalter, er weiß, dass dieser nicht zyklisch, sondern ein fortgesetzter linearer Prozess ist, dass er mit dem Abbau von Ressourcen beginnt und in Mülldeponien zu Lande, in der Atmosphäre und in den Gewässern endet, während er uns Konsumenten (sofern wir Glück haben) einige Befriedigung beschert und einige unserer materiellen und immateriellen Grundbedürfnisse und andere Wünsche befriedigt. Schließlich ist er Autor des Buches *Das Ende der Natur* (München 1992), in dem er gegen den Anthropozentrismus Stellung bezieht, der für ihn die Wurzel aller Übel ist. Doch in seinem Aufsatz legt er ein anthropozentrisches, ja schlimmer noch, ein USA-zentriertes Denken an den Tag. Denn was in den riesigen USA, der stärksten Wirtschafts- und Militärmacht der heutigen Welt, möglich sein mag, ist etwa in Indien mit seinen 1,3 Mrd. Einwohnern, die auf einem Territorium zusammengedrängt sind, das nur einem Drittel der USA entspricht, schlicht nicht möglich.

4 EROEI und Nettoenergie

Es gibt drei weitere Gründe, warum ich meine, dass eine industrielle Ökonomie wie die der USA allein auf der Basis von sogenannten sauberen erneuerbaren Energien – sofern diese theoretische Überlegung überhaupt praktisch umgesetzt werden kann – weder frei von CO_2-Emissionen noch allgemein von Verschmutzung oder nachhaltig sein wird. Ich habe dazu bereits ausführlich veröffentlicht (vgl. etwa Sarkar 2001, 143-221) und muss dies deshalb hier nicht wiederholen. Hier deshalb nur eine sehr kurze Zusammenfassung meiner Argumentation:

1. Die „sauberen Energien" (hauptsächlich Elektrizität, aber auch Biobrennstoffe) mögen ein wenig sauberer sein als die Energie aus fossilen Quellen, aber sie sind nicht zu 100 % emissions- und verschmutzungsfrei. Denn die gesamte Ausrüstung hierfür (Solarpaneele, Windturbinen, Kabel etc.), die man auf jeder Stufe der Erzeugung und Verteilung „sauberer Energie", ja jeder Art von Energie, benötigt, wird mithilfe von Maschinen und Fabriken hergestellt, die hauptsächlich (wenn nicht ausschließlich) entweder durch aus Kohle oder aus Atomkraft gewonnene Energie betrieben werden und CO_2 emittieren bzw. radioaktiven Abfall erzeugen.

2. Alle, die sich für 100 % saubere Energie einsetzen, gehen einfach davon aus, dass Solar- und Windkraftanlagen eine so hohe Menge an Nettoenergie abwerfen – das ist ein Mehr an Energie als die ganze Menge, die aufgewandt werden musste, um diese Anlagen herzustellen und zu errichten –, dass dies ihre kommerzielle Vertreibung rechtfertige. Mit anderen Worten: Der EROEI (energy return on

energy invested) wäre in genügendem Maße positiv. Doch daran gibt es beträchtliche Zweifel (Sarkar 2001, 143-221; Kern [2]2020, 40-90; Kern 2024, 27-54). Darauf komme ich noch einmal weiter unten zu sprechen.

3. Sie sehen einfach vom Unterschied ab, den Nicholas Georgescu-Roegen das erste Mal im Jahr 1978 klar herausgestellt hat: vom Unterschied zwischen Machbarkeit und Lebensfähigkeit (Georgescu-Roegen 1978). Bis 1994, seinem Todesjahr, hielt er daran fest, dass Photovoltaik natürlich machbar, aber keineswegs lebensfähig ist. Auch der Plan für den Sieg der *Klimamobilisierung* (Salamon 2016) enthält trotz sonstiger Verdienste die in Punkt 1 und 2 genannten Irrtümer. Dazu weiter unten mehr.

5 Verdienste und Schwächen des Climate Mobilization Victory Plan

McKibbens Aktionsplan scheint nur ein Ziel zu verfolgen: fossile Energie irgendwie und möglichst schnell durch erneuerbare zu ersetzen. Er scheint zu glauben: Sobald dieses Ziel erreicht ist, würden alle anderen Probleme (Wirtschaftskrise, Arbeitslosigkeit, Verschmutzung, etc.) quasi automatisch, wenn auch nach und nach, verschwinden. Im Gegensatz dazu hat die *Klimamobilisierung* (= *Climate Mobilization*) erkannt, dass das nicht ausreichen würde. Sie will deshalb zusätzlich eine breite Palette anderer, ebenso wichtiger konkreter Ziele verfolgen, zum Beispiel Autos und Lastkraftwagen auszumustern und sie durch ein öffentliches Transportsystem zu ersetzen, das Fliegen zu reduzieren, den kommerziellen Fischfang zu begrenzen, die Produktion und den Verzehr von Fleisch und Molkereiprodukten einzudämmen etc.

McKibben hat im Grunde einen keynesianischen Plan riesigen Ausmaßes vorgelegt, mittels dessen er nicht nur den

„Krieg" gegen den Klimawandel gewinnen will, sondern der zugleich im Sinne einer riesigen Wachstums-, Job- und Einkommensmaschine funktionieren soll. Solche Vorstellungen wurden bereits früher von anderen unter der Bezeichnung Öko-Keynesianismus, Ökokapitalismus, grünes Wachstum, Green New Deal und grüne Wirtschaft vorgelegt (zur Kritik vgl. Sarkar 2001, 231-260; Kern [2]2020, 117-124). Im Gegensatz dazu scheint die *Klimamobilisierung* erkannt zu haben, welche riesige Menge an Scheiße die Umsetzung eines solchen Plans ebenfalls produzieren würde. Ihr Plan für den Sieg besteht in der Tat darin, die *Produktion allgemein herunterzufahren*, besteht sozusagen in einem *„degrowth"*, einem Schrumpfen und in einer *Eindämmung bzw. Trendumkehr des Bevölkerungswachstums*. Er gipfelt in der Forderung, dass die Hälfte der Erde bzw. der USA dem Zweck der Erhaltung ohne Nutzung vorbehalten werden soll.

Sowohl McKibben als auch die *Klimamobilisierung* fordern den Staat auf, in die Wirtschaft einzugreifen, um die Wirtschaftssubjekte (insbesondere Konzerne) zu motivieren oder zu zwingen, das Nötige zu tun, um den Planeten zu retten. Aber ich frage mich, wie der Plan der *Klimamobilisierung*, der ja bedeutet, eine weltweite Rezession zu befördern, mit dem Kapitalismus mit seinem Wachstumszwang vereinbar sein kann. Der Plan sieht sogar die Rationierung von allen Produkten und Dienstleistungen vor, die Treibhausgase ausstoßen, um mehr Gleichheit zu gewährleisten. Das ist nicht weit entfernt von Planwirtschaft. Warum nennt die Gruppe dann aber ihren Plan nicht einen Plan für Ökosozialismus in Amerika? Natürlich weiß ich, dass dies zu sagen in den USA sehr schwer ist.

Meine Leserinnen und Leser werden sicher vermuten, dass ich stark mit dem Plan der *Klimamobilisierung* sympathisiere. Aus demselben Grund sympathisiert auch mein ökosozialistischer Freund Kamran Nayeri damit und nennt ihn einen „Durchbruch" innerhalb der Bewegung, die die Welt retten will

(Nayeri 2016). Dennoch weist der Plan zwei Schwächen auf. Die eine habe ich bereits erwähnt, nämlich die Tatsache, dass der Plan nur verwirklicht werden kann, wenn man sich vom Kapitalismus verabschiedet. Eine entsprechende Aufforderung begegnete mir aber auf den ganzen 110 Seiten nicht (Sollte ich das übersehen haben, oder wird nur ein schwacher Hinweis gegeben?). Die andere Schwäche ist darin begründet, dass der ganze Plan wie der McKibbens auf der Annahme beruht, dass es nicht nur machbar, sondern auch lebensfähig ist, die gesamte US-Wirtschaft allein auf der Basis „erneuerbarer", „sauberer" Energien zu betreiben.

Im Plan der *Klimamobilisierung* stützt sich diese Annahme auf das Buch von Richard Heinberg und David Fridley aus dem Jahr 2016 (vgl. Heinberg/Fridley 2016). Darin geben die Autoren an, sie hätten ihre Schlussfolgerungen nach der Beschäftigung mit einer großen Zahl von Studien zu diesem Thema gezogen. Den Ausdruck EROEI habe ich aus einem der älteren Bücher Heinbergs gelernt (Heinberg 2004). In diesem Buch gibt er zwei Tabellen wieder, die die unterschiedlichen Schätzungen des EROEI verschiedener Energiequellen in Verbindung mit den entsprechenden Technologien auflisten. Im späteren Buch schreiben Heinberg und Fridley:

> Leider ist die Literatur zur Nettoenergie bzw. zum EROEI inkonsistent, denn die Forscher waren bislang nicht in der Lage, sich auf ein gemeinsames Bündel von Faktoren der Systemgrenzen zu verständigen. Deshalb kann es sein, dass zwei Analysen sehr unterschiedliche EROEIs derselben Energiequelle errechnen. Dies macht den Nutzen der Nettoenergie-Analyse nicht völlig zunichte. Es erfordert von uns lediglich, Vorsicht walten zu lassen, wenn wir die Ergebnisse verschiedener Studien miteinander vergleichen. (Heinberg/Fridley 2016)

Das bedeutet, dass wir selbst heute keine bestimmte Zahl zitieren und mit einem gewissen Grad an Wahrscheinlichkeit sagen können, dass dies nun der EROEI von Solarenergie sei.

In seinem Buch aus dem Jahr 2004 (englisches Original 2003) zitierte Heinberg zwei Studien: eine aus dem Jahr 1984, in der Cleveland et al. den EROEI von Photovoltaik auf 1,7 bis 10 schätzten. Zwölf Jahre später schätzte Howard Odum ihn auf lediglich 0,4, das heißt negativ. In diesem Zusammenhang schrieb Heinberg:

> Der Zeitpunkt der Erstellung ist für EROEI-Studien deshalb so relevant, weil sich die Nettoenergie mit der Einführung einer technischen Verbesserung oder der Erschöpfung eines Energievorrats ändern kann. (Heinberg 2004, 251)

Im Falle von Solarenergie hat deren Ressourcenbasis, die Sonne, innerhalb dieser zwölf Jahre keinerlei Schwund erfahren. Und vermutlich wurden beide Studien auf dem US-amerikanischen Kernland an durchschnittlichen Orten (keine im Death Valley und auch keine auf dem Nordhang Alaskas) durchgeführt. Wenn wir nun mit guten Gründen annehmen mögen, dass die Photovoltaik-Technik im Lauf dieser zwölf Jahre Verbesserungen erfahren hat, dann hätte sich der EROEI in der Tat verbessern und nicht verschlechtern sollen (wie Odums Zahlen zeigen).

Wie immer dem auch sei: Worauf es mir hier ankommt, ist, dass es sehr unklug von McKibben, der *Klimamobilisierung* und Heinberg selbst war, ihre Pläne zur Rettung des Planeten auf der Grundlage einer unsicheren Datenlage aus einer „inkonsistenten" Literatur zu entwerfen. Überdies meine ich, dass es schlicht nicht möglich ist, diese Frage direkt durch Erhebung von Daten zu beantworten. Man muss auf indirektes Schlussfolgern rekurrieren, wie ich es in meinen Schriften zu diesem Thema getan habe (vgl. vor allem Sarkar 2001). Ich selbst meine, dass der EROEI erneuerbarer Technologien mit Ausnahme von Wasserkraftwerken negativ ist und dass er im Allgemeinen immer schlechter wird, denn alle für die Ausrüstung und Anlagen erforderlichen Ressourcen sind nicht erneuerbar, werden stets weniger oder müssen aus immer abgelegenerem und schwieriger erschließbarem Terrain gefördert werden, was einen größeren Energie-Input bedingt.

Eine andere Frage, der die Befürworter der Solarenergie (und erneuerbarer Energien allgemein) ausweichen, ist die nach der *Lebensfähigkeit* dieser Energietechniken. Wie bereits erwähnt, wurde diese Frage zuerst von Georgescu-Roegen in seinem Text aus dem Jahr 1978 aufgeworfen. Sie ist bis heute unbeantwortet. In der Diskussion um Ugo Bardis Artikel *But what's the REAL energy return of photovoltaic energy?* (Bardi 2016) stellte einer der Diskutanten mit dem Pseudonym „foodnstuff" voller Ungeduld dieselbe Frage in viel einfacheren Worten:

> Ich möchte immer noch wissen, ob die folgenden Dinge getan werden können und ob der EROEI all dies (samt einem Energieaufwand darüber hinaus, an den ich nicht gedacht haben mag) enthält:
>
> 1. Können die erforderlichen mineralischen Rohstoffe allein mithilfe von erneuerbarer Energie gefördert werden?
>
> 2. Können die Erze wie etwa Bauxit für die Aluminium-Erzeugung allein mithilfe von erneuerbarer Energie transportiert und verarbeitet werden?
>
> 3. Können die Anlagen in Fabriken gefertigt werden, deren Gebäude und Betrieb allein von erneuerbaren Energien abhängt?
>
> 4. Können dann schließlich die fertigen Solarmodule allein mithilfe von erneuerbaren Energien installiert und instandgehalten werden?

Ich bitte McKibben, die *Klimamobilisierung*, Heinberg und Fridley sehr darum, diese Fragen zu beantworten. Meine eigene Antwort lautet: nein. Wenn die Genannten nicht mit „ja" antworten können, dann würde das bedeuten, dass ihre Vision einer Gesellschaft auf der Grundlage von 100 % erneuerbarer Energie eine hundertprozentige Illusion ist. Das gilt sogar für die abgespeckte Industriegesellschaft, wie sie der *Klimamobilisierung* vorschwebt.

Ich meine, der Plan für den Sieg der *Klimamobilisierung* weist noch eine Schwäche auf: Von ihm gehen unterschiedliche oder widersprüchliche Botschaften aus. Wie hätte sonst Paul Gilding, der ehemalige Direktor von Greenpeace International, in seinem Vorwort zu Ezra Silks Plan das Folgende schreiben können:

> [In einer Situation] wirtschaftlicher und gesellschaftlicher Krisen [und] Verzweiflung könnte eine Klima-Mobilisierung dieser Art [unter anderem] in riesige wirtschaftliche Vorteile ... Innovation, Technik und massive Schaffung von Arbeitsplätzen ... Geschäftsgelegenheiten [etc.] münden. [Sie würde] unsere Energiekosten senken und die Versorgung sicherer machen ... sowie mehr Menschen in Arbeit bringen. [In einer Situation, in der] die Weltwirtschaft in tiefen und ernsthaften Schwierigkeiten steckt, [in der] das Wachstum ins Stocken gerät, [in der] Ungleichheit und der ausbleibende Fortschritt der westlichen Mittelklasse das Fundament für politischen Extremismus, Fremdenfeindlichkeit und Isolationismus gelegt hat ..., und Phänomene wie Trump, den Brexit, ... Bewegungen, welche die Weltwirtschaft weiter bedrohen, beschert hat, [könnte dies] eine Mobilisierung zur Rettung der Wirtschaft sein. (Gilding in Salamon 2016)

6 Schlussfolgerung: Der andere „Plan" und der andere Weg

Man mag sich nun die Frage stellen: Gibt es irgendeinen anderen möglichen Plan, um den Planeten zu retten? Ein solcher ist durchaus möglich, aber er wäre unter den heutigen Amerikanern keineswegs populär. Er ist möglich, wenn wir von McKibbens Diagnose „unseres unersättlichen Begehrens als Konsumenten" als Ursache für den Klimawandel ausgehen und wenn wir die Wahrheit akzeptieren, dass die eigentlichen und tieferen Gründe vieler unserer Übel die stets wachsenden „Bedürfnisse", Wünsche und Bestrebungen einer Weltbevölkerung sind, die ebenfalls ständig wächst, während unsere Ressourcenbasis abbröckelt und die Fähigkeit der Natur, viele menschengemachte Verschmutzungen zu absorbieren, abnimmt. Wir müssen also die verrückte Vorstellung aufgeben, dass endloses Wachstum auf einem endlichen Planeten möglich wäre. Daraus folgt dann, dass der Geist, von dem dieser andere Plan durchdrungen ist, welcher vielleicht die Welt retten könnte, genau das Gegenteil des Gigantismus und des grenzenlosen technischen Optimismus von McKibben und Konsorten sein muss. Er widerstreitet damit dem Glauben, dass alles machbar ist, dass wir auch eine Siedlung auf dem Mond errichten können, usw. Dieser Gigantismus, dieser Technikoptimismus und diese Glaubenssätze sind selbst Krankheiten und keineswegs Heilmittel.

Die *Klimamobilisierung* hat (zusammen mit Heinberg und Fridley) gigantische Pläne vorgelegt, um den Klimawandel zu stoppen. Doch sie hat auch bloß eine halbe Lösung angeboten. Sie sucht immer noch nach einer High-Tech-Lösung des Energieproblems, nämlich nach „sauberer erneuerbarer Energie". Wir brauchen also zunächst ein Gegenmittel gegen diese typisch amerikanischen Krankheiten, eines, das Fritz Schumacher schon vor langer Zeit mit seinem Slogan *Small is beautifull* (vgl. sein gleichnamiges Buch: Schumacher [2]2019) aufgezeigt hat. Er schrieb: „Jeder einigermaßen intelligente Verrückte kann Dinge größer, komplexer und gewalttätiger machen. Es bedarf eines Anflugs von Genialität und einer Menge Mut, die entgegengesetzte Richtung einzuschlagen." (Schumacher 1973) Doch das Letzte, was ich von Heinberg gelesen habe, weist in die richtige Richtung. Er scheint zu seinem früheren gesunden Skeptizismus zurückgefunden zu haben. In einem Artikel aus dem Jahr 2016 schreibt er:

> Wir kamen zur Schlussfolgerung: Während es theoretisch möglich sein mag, genug Solar- und Windanlagen zu bauen, um die derzeitigen fossilen Energiequellen zu ersetzen, so wird viel von der alten Infrastruktur zur Energieversorgung (für den Transport, die Landwirtschaft und industrielle Prozesse) nur schwierig und mit erheblichen Kosten an Elektrizität aus erneuerbaren Quellen anzupassen sein. Angesichts dieser und anderer damit verbundener Herausforderungen meinen wir, dass es wahrscheinlich nicht möglich sein wird, in der postfossilen Zukunft eine konsumorientierte Wachstumswirtschaft aufrechtzuerhalten, und dass wir alle besser daran täten, einen *Übergang zu einer einfacheren, eher lokal ausgerichteten Wirtschaft des Bewahrens* anzustreben. (Heinberg 2016)

Für einen solchen Übergang ist eine Mobilisierung im Stile des Zweiten Weltkriegs, wie sie McKibben vorschwebt, nicht nötig. Tatsächlich befinden wir uns hier überhaupt nicht im Krieg. Und wenn wir schon nicht anders können als die Kriegsmetapher zu benutzen, dann sind wir die Aggressoren und der Feind der Natur. Wir müssen dann nur den Rückzug antreten anstatt die Aggression mit anderen Waffen fortzusetzen.[7] Dann müssen wir nicht viel bauen, aber wir werden eine Menge abbauen müssen. Vor allem müssen insbesondere die Amerikaner und ihre Fans und Nachahmer im Rest der Welt ihren *American way of life* aufgeben.

Bevor die Gesellschaft, der Staat, die Wirtschaftsmächte den ersten Schritt zurück wagen, müssen wir ökologisch-politisch Engagierten hauptsächlich eine Menge an Aufklärungsarbeit leisten. Jetzt wenigstens können wir niemanden dazu zwingen, irgendetwas zu tun. Doch es hindert uns auch nichts daran, uns dieser Aufklärungsarbeit zu widmen. Alles – Wahlen, Demonstrationen, Lobbyarbeit, Parteiarbeit, persönliches Bei-

[7] Es sei hier an den alten chinesischen Schriftsteller (2500 v. Chr.) erinnert, der unter anderem schrieb: „In Wahrheit gewinnt der, der nicht kämpft."

spiel, Schreiben, Lesen etc. – kann dazu genutzt werden, die Menschen und die Kräfte, die derzeit am Werk sind, zu überzeugen.

Eines der Ziele der *Klimamobilisierung* ist es, *das weltweite Bevölkerungswachstum zu stoppen und den Trend umzukehren.* Denn wie Paul Ehrlich treffend bemerkte, um die außerordentliche Wichtigkeit dieser Frage herauszustellen: „Was auch immer eure Sache ist: Es ist eine verlorene Sache, wenn wir das Bevölkerungswachstum nicht unter Kontrolle bekommen." (zit. bei Weissman 1971) Alle Probleme, die die Natur mit uns hat, sowie auch alle Probleme unserer eigenen menschlichen Gesellschaft verschärfen sich mit einer wachsenden Weltbevölkerung. Es ist leicht, die heute herrschenden Mächte zu überzeugen, in dieser Hinsicht etwas zu unternehmen. Und es ist leicht, Menschen mit niedrigem Einkommen davon zu überzeugen, dass sich ihre Lebensbedingungen unmittelbar verbessern würden, wenn sie die Zahl ihres Nachwuchses auf zwei beschränken würden (s. dazu weiter unten, S. 87, 99). Und hier wäre auch mit dem geringsten Widerstand der herrschenden Klassen und der imperialistischen Länder zu rechnen. Hier könnten wir also unseren ersten Erfolg erzielen.

Ich meine, dass zurzeit ein anderer, im Detail so ausgearbeiteter Plan wie der der *Klimamobilisierung* weder möglich noch notwendig ist. Wir können jedoch mit dem beginnen, was unmittelbar möglich ist.

Krugmans Illusion: Wir werden reicher, ohne die Umwelt zu schädigen

Seinerzeit hörte bzw. las ich deutsche Medienberichte über den fünften IPCC-Bericht zum Klimawandel, insbesondere über deren dritten (letzten) Teil. Inzwischen haben wir uns schon fast ohne Gefühlsreaktion an die regelmäßig schlechten Nachrichten vom IPCC gewöhnt. Doch eine Stellungnahme von Ottmar Edenhofer, einem der drei Ko-Vorsitzenden der Arbeitsgruppe III, ließ uns aufhorchen: Es würde nicht die Welt kosten, den Planeten zu retten. Die Kosten, um die Erwärmung auf 2 Grad Celsius zu beschränken, bedeuteten lediglich 0,06 Prozent weniger jährliches Wachstum, als ansonsten möglich wäre.

Einige Tage später las ich einen Artikel von Paul Krugman, der einst mit dem Wirtschaftsnobelpreis ausgezeichnet worden war, in der *New York Times* (17. 4. 2014) mit der Überschrift: *Klimawandel: Die Rettung wird billig.* Krugman bezog sich auf die frohe Kunde aus den Reihen des IPCC über die Kosten für die Rettung des Planeten und schrieb, er meine, dass die Bedrohung durch den Klimawandel nun vorbei wäre. Ja er ging noch weiter: „Es gibt keinen Grund dafür, dass wir nicht reicher werden können, während wir unsere Beeinträchtigung der Umwelt reduzieren."

Man kann vielleicht darauf hoffen, dass die Menschheit die Bedrohung durch den Klimawandel irgendwie im letzten Moment abwendet. Doch ich meine, es ist unmöglich, dass wir alle reicher werden können, wenn wir zur selben Zeit unseren Einfluss auf die Umwelt reduzieren. Das sind zwei unterschiedliche Dinge, wenn sie auch in einem gewissen Zusammenhang stehen.

1 Sind erneuerbare Energien emissionsfrei?

Krugman bezieht sich auf eine Studie des Energieministeriums der Vereinigten Staaten mit dem Titel *Revolution Now* („Revolution jetzt“) und kommentiert: „Das klingt übertrieben, aber man erkennt, dass es dies keineswegs ist, wenn man erfährt, dass der Preis für Solarpaneele allein seit 2008 um mehr als 75 % gefallen ist.“ Nehmen wir einmal an, dass diese Information für sich genommen verlässlich ist. Was hat das aber mit der Abwendung der Bedrohung durch den Klimawandel zu tun? Bei jeder industriellen Produktion gibt es Kosten, sogenannte Externalitäten, die nicht oder nicht zur Gänze von den Firmen getragen werden, die die jeweiligen Waren herstellen. Sie werden deshalb nicht an die Käufer mittels entsprechend höherer Preise weitergegeben. Die Verschmutzung der Atmosphäre und der Meere sind hierfür hervorragende Beispiele. Solche Kosten werden entweder von niemandem getragen, oder sie werden vergesellschaftet, das heißt von allen Mitgliedern einer Gemeinschaft – einem Dorf, einem Land, einer Region, einem Gemeindeverband oder der gesamten Weltgemeinschaft – getragen. Deutsche Mitglieder der Ökologiebewegung pflegen zu sagen: Die Preise sagen nicht die ganze Wahrheit über die Kosten. Vergesellschaftete Kosten mögen einige unmittelbar monetäre Kosten für die betroffene Gemeinschaft enthalten, doch es kann auch sein, dass die künftigen Generationen eines Tages diese Kosten auf die eine oder andere Weise tragen müssen – entweder als monetäre Kosten (z.B. für die Reparatur der verursachten Schäden) oder in Gestalt von gesundheitlichen Beeinträchtigungen und/oder Umweltzerstörung verschiedener Art.

Im Fall des Klimawandels leiden wir heute am negativen Einfluss der Externalisierung von Kosten in großem Stil in der Vergangenheit und heute, nämlich der Emission von Treibhausgasen in die Atmosphäre. Es ist von besonderer Bedeutung zu fragen, ob die Industrien, die mit der Produktion (oder Extraktion) der für erneuerbare Energie benötigten Rohstoffe und der entsprechenden technischen Ausrüstung – Solarpaneele, Windturbinen, Rotorblätter, Palmöl etc. – ihrerseits Treibhausgase in die Atmosphäre emittieren. Ohne Zweifel tun sie das, denn solche Industrien benutzen meistens (wenn nicht sogar ausnahmslos) konventionelle Energie aus fossilen Brennstoffen.

Wir wissen auch, dass im Falle von Solar- und Windenergie auf der allerletzten Produktionsstufe, auf der Sonne und Wind direkt in Elektrizität verwandelt werden, keine Treibhausgasemission stattfindet. Doch die Lieferung dieser Energie an die Konsumenten verursacht wiederum Treibhausgase, denn Kupferkabel, Transformatoren, Speicher wie Batterien usw. werden durch Industrien hergestellt, die zum Großteil (oder in Gänze) konventionelle Energie aus fossilen Quellen verwenden.

Man könnte nun einwenden, dass die Technologien der erneuerbaren Energien insgesamt bezogen auf die Produktion und Verteilung einer bestimmten Menge an Strom weniger Treibhausgase emittieren als fossile Kraftwerke (denn die Erneuerbaren verbrennen keine fossilen Stoffe auf der letzten Stufe der Produktion). Das mag stimmen oder auch nicht. Ich kenne hierzu keine Vergleichszahlen. Es muss sehr schwer sein, verlässliche Zahlen hierzu herauszuarbeiten. Doch wir können einen Eindruck davon gewinnen, wenn wir den Energieaufwand der Produktion erneuerbarer Energien betrachten.

2 Preise versus Energiekosten für Energie bzw. EROEI

Jede Wirtschaftswissenschaftlerin weiß, dass der *Preis* einer Ware von vielen Faktoren abhängt: von Angebot und Nachfrage, von den Produktionskosten, von der Wettbewerbssituation auf den entsprechenden Märkten, von der üblichen Profiterwartung, davon, ob die Produktionsfirmen Subventionen und andere Vergünstigungen (z.B. durch Schutzzölle) von ihren Staaten erhalten, usw. Die *Produktionskosten* einer Ware hängen in hohem Maße vom Stand der Technologie, von den Löhnen und Gehältern, vom Größenmaßstab der Produktion, von den Preisen der benötigten Rohstoffe und Zwischengüter (wie Energie) ab, die wiederum selbst von all diesen Faktoren bedingt sind.

Doch wenn es um Energieproduktion geht, haben wir noch etwas anderes in Betracht zu ziehen. Wir wollen Licht am Abend, wofür wir Energie verausgaben (in Form von elektrischem Strom oder einer Öllampe). Licht und Energie sind zwei *verschiedene Dinge*. Wir mögen bereit sein, jede Menge von Energie zu verausgaben, um die gewünschte Lichtintensität zu bekommen. Doch wenn wir Energie mithilfe von Energie erzeugen wollen, dann ergäbe es keinerlei Sinn, wenn wir etwa neun Einheiten Energie mittels des Einsatzes von zehn Einheiten produzieren.

Wir müssen auch zwischen *verschiedenen Formen von Energie* unterscheiden. In kalorischen (oder nuklearen) Kraftwerken wird Energie unter Zuhilfenahme von Wärmeenergie erzeugt, die man wiederum durch das Verbrennen von Kohle, Öl oder Gas (oder durch Kernspaltung) erhält. Da wir *Elektrizität* für eine Vielzahl von Anwendungen – z.B. für die Benutzung eines Computers – brauchen, mögen wir bereit sein, jede Menge von *Wärmeenergie* zu verausgaben, um die erforderliche Menge elektrischer Energie zu erhalten. Wir produzieren Elektrizität auch, indem wir uns die Energie herabfallenden oder strömenden Wassers (Wasserkraft) zunutze machen. Nachdem

Elektrizität auf diese oder jene Weise erzeugt wurde, wird sie an Millionen Fabriken, Haushalte, usw. verteilt, wo sie für die verschiedensten Anwendungen benutzt wird.

Nun kommt der für unser Thema entscheidende Punkt. Fabriken, die Solarpaneele oder Windturbinen herstellen, benutzen Elektrizität. Auch wenn sie für bestimmte Produktionsstufen Wärmeenergie benötigen, verwenden sie im Allgemeinen Strom, um diese Hitze zu erzeugen. Da Solarpaneele, Windturbinen, usw. elektrische Energie erzeugen, also dieselbe Form von Energie, die gebraucht wird, um diese Apparate herzustellen, ergibt das Ganze nur Sinn, wenn sie im Laufe ihrer Lebensspanne (von ca. zwanzig Jahren) mehr Energie erzeugen, als nötig war, um sie selbst herzustellen, mit anderen Worten: wenn ihre *Energiebilanz* positiv ist. Heute spricht man auch vom EROEI (energy return on energy invested), um das Verhältnis zwischen eingesetzter und gewonnener Energie anzugeben.

Hinsichtlich der Energiebilanz bzw. des EROEI von Photovoltaik und Windturbinen zur Stromerzeugung herrscht viel Unsicherheit. Es gibt Menschen (zu denen auch ich gehöre), die bezweifeln, ob die Energiebilanz von Photovoltaik überhaupt positiv ist. Was die Windenergie betrifft, so meinen dieselben Leute, dass deren Energiebilanz positiv ist (der EROEI mindestens zwei bis 50 beträgt), aber nicht positiv genug, um mit kalorischen Kraftwerken erfolgreich konkurrieren zu können.

Diese Unsicherheiten und Zweifel bleiben weiter bestehen, weil es sehr schwer ist, *genaue* Zahlen zum EROEI dieser Technologien zu eruieren. Allzu viele Studien, die zu den heute bekannten Zahlen geführt haben, mussten sich auf bloße Annahmen stützen und sich aufs Mutmaßen verlegen. Ich habe Berichte zu diesen Studien seit den frühen 1990er Jahren gelesen. Ich fand heraus, dass im Jahr 1991 einige Wissenschaftler behaupteten, dass die Energierücklaufzeit von Photovoltaik in europäischen klimatischen Verhältnissen – also jene Zeit, in der eine Photovoltaikanlage die Energie abwirft, die investiert wurde, um sie herzustellen – 1,2 bis 2,1 Jahre betrüge. Diese Zahlen waren im Großen und Ganzen mit denen von kalorischen und Atomkraftwerken vergleichbar. Das heißt, Photovoltaik war offensichtlich damals bereits wettbewerbsfähig.

Doch im Jahr 1995 – nach vier Jahren weiterer Forschung und Entwicklung – stellte ein anderer Wissenschaftler fest, dass diese Zahl (für die Energierücklaufzeit von Photovoltaik in europäischen klimatischen Verhältnissen) neun Jahre betrage. Und ganz ähnlich verhielt es sich mit dem EROEI: Während eine Studie aus dem Jahr 1984 herausfand, dass der EROEI von Photovoltaik 1,7 : 1 bis 10 : 1 (offensichtlich in verschiedenen Regionen) betrage, kam eine andere Studie aus dem Jahr 1996 zum Schluss, dass er 0,4 : 1 betrage, also negativ sei. Die jüngste Zahl, die mir zur Verfügung steht, stammt aus einem Artikel von Ted Trainer (April 2014), der sich diesem Thema schon lange Zeit widmet. Er formuliert vorsichtig:

> ... etliche jüngere Studien haben herausgefunden: Wenn alle relevanten Faktoren mit berücksichtigt werden, dann ist das Verhältnis der von einem Photovoltaikmodul im Laufe seiner Lebensspanne und der für seine Produktion nötigen Energie nicht 10 : 1, wie gemeinhin angenommen wird, oder 60 : 1, wie einige Befürworter behauptet haben, sondern vielleicht 4 : 1 und 2,4 : 1. (Trainer 2014)

Diese Ergebnisse sind nicht nur deshalb ungenau, weil sie sich weitgehend auf Mutmaßungen und viele Annahmen stützen, sondern wahrscheinlich auch, weil die Forscher nicht dieselbe Methode anwandten. Auch Zeit (für die technische Entwicklung entscheidend) und Ort (für die Menge und Intensität der Sonneneinstrahlung entscheidend), von denen die Studien ausgehen, weichen voneinander ab. In einer solchen Situation ist es meiner Meinung nach zulässig, die Logik und den Hausverstand zu bemühen, um zu einer annähernd zutreffenden Vorstellung von den Aussichten und Verheißungen erneuerbarer Energien zu gelangen. Dann kann man einigen Fragen nicht mehr ausweichen:

Wenn Solarpaneele seit 2008 so billig geworden sind: Warum bestehen Energiekonzerne dann immer noch darauf, neue Kohlekraftwerke – oder Kraftwerke auf der Basis von Öl – zu bauen? Und warum suchen Ölkonzerne immer noch nach Öl, und das zu enormen Kosten in großen Meerestiefen im Atlantik oder dem Arktischen Meer? Warum will die japanische Regierung nach der Atomkatastrophe von Fukushima stillgelegte Atomkraftwerke wiederbeleben? Warum hat Indien, das sehr reich an Sonne und Wind in den Küstenregionen ist, sich bis jetzt nicht dazu entschlossen, von der konventionellen Kohle und von Kraftwerken auf der Basis von Uran Abschied zu nehmen? Warum bezahlt es immer noch jedes Jahr eine enorme Ölrechnung? Und warum müssen die Produzenten von erneuerbarer Energie in Deutschland immer noch das Privileg von garantierten Preisen fordern und tatsächlich genießen, die viel höher sind als die Preise konventioneller Energie? Ganz offensichtlich können Technologien erneuerbarer Energien noch nicht mit konventioneller Energie konkurrieren.

3 Aussichten für erneuerbare Energien

Doch werden sie bald in der Lage sein, die konventionelle Energie vom Markt zu verdrängen? Oder können sie in naher Zukunft Letztere überflüssig machen und allen Energiebedarf unserer Industriegesellschaften decken? Ich meine, die Aussichten sind schlecht. Wir wissen, dass leicht zugängliche und leicht abbaubare Rohstoffe, insbesondere die für die konventionelle Energie erforderlichen, zur Neige gehen und neue Funde nicht in der Lage sind, die verloren gegangenen Mengen zu ersetzen. Die geografischen und geologischen Bedingungen, unter denen diese Ressourcen entdeckt und ausgebeutet werden, verschlechtern sich immer mehr. Wir können daran nichts ändern. Denken wir nur an die Ölförderung auf dem Grund des Arktischen Ozeans! Das Ergebnis ist, dass immer mehr Energie aufgewandt werden musste, um Rohstoffe – Kohle, Öl, Gas, Uran, Metalle, seltene Erden usw. – zu extrahieren.

Das heißt: Die Energiekosten ihrer Produktion (die sich zum Teil auch in den monetären Kosten niederschlagen) steigen stetig an. Nun aber wird genau mithilfe dieser Rohstoffe die ganze technische Ausrüstung der gesamten Industrie erneuerbarer Energien – Solar- und Windkraftwerke ebenso wie Fabriken zur Erzeugung von Biotreibstoffen – gebaut. Das heißt: Die erforderliche Energiemenge, die aufgewandt werden muss, um solche Kraftwerke zu bauen, steigt stetig an. Doch der durchschnittliche Energiegehalt der Sonneneinstrahlung und die Tatsache, dass die Sonne nachts nicht scheint, sind kosmologische Konstanten. Klimaforscher sagen voraus (und wir können es bereits beobachten), dass die Windgeschwindigkeit aufgrund des Klimawandels zunehmen wird und Stürme häufiger werden. Aber das nutzt den Windkraftanlagen wenig, denn bei Sturm müssen die Generatoren abgeschaltet werden. Angesichts solcher Tatsachen kann sich der EROEI erneuerbarer Energien in Zukunft nicht verbessern. Er wird sich vielmehr trotz der kleinen technischen Verbesserungen, die es immer noch geben mag, verschlechtern. Es gibt keine Wunder.

Doch es bleibt noch eine Frage: Wie kommt es, dass die Preise für Solarpaneele so stark gefallen sind? Wie oben bereits festgestellt, hängt der Preis einer Ware von verschiedenen Faktoren ab. Im Falle von Solarpaneelen ist hinlänglich bekannt, dass der Hauptfaktor für den Preisverfall die Tatsache ist, dass chinesische Produzenten massiv in den Weltmarkt eingedrungen sind. Sie haben keinen technologischen Durchbruch geschaffen. Doch ihre Löhne sind viel niedriger als die in Europa und Amerika, sie haben weniger Umwelt- und andere Auflagen und der Staat gewährt ihnen Subventionen und andere Vergünstigungen. Mehr noch: Sie bieten ihre Produkte zu Dumpingpreisen an. Die fünf oder sechs deutschen Produzenten, die vor einiger Zeit bankrott gingen und solche, die vom Bankrott bedroht sind, geben diese Gründe für ihren Niedergang an. Sie beklagten sich bei der EU-Kommission und baten sie, den chinesischen Import dieses Produktes mit Restriktionen zu belegen. Das Ergebnis war ein Kompromiss, der allerdings den deutschen Unternehmen, die bereits bankrott waren, nichts half. Eine weitere Erklärung für den Preisverfall ist die Ausweitung der Produktionsskalierung, das heißt der Vorteile der Produktion in großem Maßstab, welche durch die Fördermaßnahmen von Staaten in den reichen Ländern möglich gemacht wurde.

Ich meine, dass der Streit in den kommenden zehn Jahren durch die zugrunde liegenden Fakten beigelegt wird. „Bis dahin gestehen auch Enthusiasten erneuerbarer Energien zu" – so schreibt ein Intellektueller von Bündnis 90/Die Grünen –, „dass man nördlich des Mittelmeers nicht mit dauerhaft profitabler Solarenergie rechnen kann" (Wiesenthal 2013, 29).

4 Der Unterschied zwischen „machbar" und „lebensfähig"

Enthusiasten der erneuerbaren Energien fragen mich: „Aber warum schließt du es pauschal aus, dass es den Industriegesellschaften eines Tages gelingt, nicht-erneuerbare Energien vollständig durch erneuerbare zu ersetzen?" *Im Prinzip* kann dies natürlich auch passieren. Die Zukunft ist prinzipiell immer ungewiss. Doch wir müssen heute zu handeln beginnen, um die vorhersehbaren Katastrophen, die in nicht allzu ferner Zukunft eintreffen könnten, zu verhindern. Das heißt: Wir müssen auf der Grundlage von weniger als 100 % Wissen handeln. Um effektiv zu handeln, müssen wir deshalb wissen oder versuchen, aus bekannten Fakten abzuleiten, was *wahrscheinlich* ist und was nicht. Ich meine, es ist unwahrscheinlich, dass selbst die besten Techniken erneuerbarer Energien der Zukunft eines Tages in der Lage sein werden, den gesamten Energiebedarf von Industriegesellschaften zu decken.

Wenn wir uns mit Licht aus Öllampen begnügen könnten, alle Arbeit nur mithilfe von Muskelkraft von Mensch und Tier verrichten und Wärmeenergie durch Verbrennen von Holz gewinnen, dann könnte unsere Wirtschaft vollständig auf der Basis von erneuerbaren Energien funktionieren. Doch das wäre keine Industriegesellschaft mehr. Eine solche kann nicht ohne Elektrizität und flüssigen wie gasförmigen Brenn- bzw. Treibstoffen auskommen. All dies aus Energie von Sonne und Wind zu bekommen, ist unmöglich. Ein Naturgesetz, nämlich das *Entropiegesetz*, steht uns hier im Weg.

Die Sonnenenergie erreicht uns in einem Zustand hoher Entropie, das heißt in sehr diffuser Form. Das reicht für Landwirtschaft und Pflanzenwachstum, aus dem wir Holz gewinnen können, um Feuer zu machen. Aber um Elektrizität zu produzieren, müssen wir eine große Menge hoch zerstreuten Sonnenlichts mithilfe von Photovoltaikmodulen verfügbar machen oder ihre Wärme mithilfe von Spiegeln konzentrieren. Die Produktion dieser technischen Ausrüstung verbraucht ihrerseits eine große Menge konzentrierter Energie, das heißt Energie im Zustand niedriger Entropie, die wir zum Großteil aus fossilen Quellen der Natur gewinnen. Das heißt: Wir können diese Methode der Energiegewinnung nur so lange nutzen, so lange genügend Mengen an leicht erschließbaren fossilen Vorräten (bzw. Uran) verfügbar sind.

Deshalb hat Nicholas Georgescu-Roegen die Techniken der Elektrizitätserzeugung mittels Solarenergie als parasitär bezeichnet. Mehr oder weniger gilt dies auch für Windenergie. Das heißt: Die Techniken der Solarenergie sind machbar, keineswegs aber lebensfähig. Sie wären nur dann lebensfähig, wenn die zweite Generation der Anlagen für erneuerbare Energien, das heißt die gesamte Ausrüstung von A bis Z – Solarpaneele, silberbeschichtetes Spiegelglas, Windturbinen, Fabriken, Straßen, Fahrzeuge usw. – einzig und allein mithilfe von Solar- bzw. Windenergie hergestellt werden könnte. Dies ist nicht möglich, wenn der EROEI (die Nettoenergie) von Solar- und Windenergietechnik so niedrig bleibt wie heute. Wenn wir mit Ted Trainer annehmen, dass der EROEI von Solarpaneelen 2 : 1 beträgt, dann bleibt, nachdem wir diese Nettoenergie für unser tägliches Leben und die anderen gewöhnlichen Tätigkeiten aufgebraucht haben, nichts darüber hinaus übrig, was wir in die Produktion der zweiten Generation von Solarpaneelen bzw. -kraftwerken investieren könnten. Trainer schreibt: „In der einschlägigen Literatur wird geschätzt, dass der EROEI mindestens 7 : 1 betragen muss, wenn eine Technologie lebensfähig sein soll." (Trainer 2014) Es ist sehr unwahrscheinlich, dass dies in Zukunft der Fall sein wird, denn der Trend weist, wie ich oben bereits gesagt habe, in die gegenteilige Richtung.

Das Problem kann nicht einmal dann gelöst werden, wenn wir die enormen Mengen an sehr intensiver Sonneneinstrahlung in den Wüsten der Erde nutzen. Ein solches Projekt, nämlich das Desertec-Projekt, an dem einige der größten europäischen Konzerne beteiligt waren, ist heute gescheitert.

5 Schlussfolgerung

Heute ist das Ergebnis von jahrelanger Förderung der erneuerbaren Energien in Deutschland durch Subventionen (die die Konsumenten und kleinere Geschäftsleute aufbringen mussten) und andere Vergünstigungen, dass der Strompreis so sehr gestiegen ist, dass Zehntausende armer Deutscher ihre Stromrechnung nicht bezahlen können und von ihrer Netzverbindung getrennt wurden (auch Preissteigerungen bei Kohle haben das Ihre dazu getan). Die derzeitige[8] Bundesregierung versucht deshalb, diesen außergewöhnlichen Preisanstieg dadurch aufzuhalten, dass sie die garantierten Subventionen (Einspeisevergütung; d. Übers.) für die Produzenten von erneuerbarer Energie reduziert. Wir sehen also, dass selbst die sogenannte „Energiewende“ der Deutschen, die darauf abzielt, die Emission von Treibhausgasen zu reduzieren, ins Stocken gerät und die Regierung von Pseudo-Ökologen dafür kritisiert wird, dass sie hier auf die Bremse tritt.

Krugman meint, wir könnten alle reicher werden, während wir gleichzeitig unsere Beeinträchtigung der Umwelt reduzieren. Das ist auch das Mantra vieler anderer Pseudo-Grüner auf der ganzen Welt, die Illusionen über grünes Wachstum, nachhaltiges Wachstum, einen Green New Deal usw. verbreiten. Ottmar Edenhofer vom IPCC geht in naiver Weise inmitten einer Krise der wirtschaftlichen Stagnation davon aus, dass die Weltwirtschaft regelmäßig um 2 % wachsen würde (Süddeutsche Zeitung, 14. 4. 2014). Doch Krugman, der Star-Ökonom, sollte es besser wissen, anstatt ständig eine Politik der Förderung des Wirtschaftswachstums einzuklagen. Er argumentiert folgendermaßen: „Bei gleichbleibenden anderen Bedingungen tendiert das BIP-Wachstum dazu, mehr Verschmutzung zu verursachen. Was machte China zum weltweit größten Emittenten von Treibhausgasen? Das explosive Wirtschaftswachstum. Doch die anderen Ausgangsbedingungen müssen nicht gleich bleiben. Es gibt kein zwangsläufiges direkt proportionales Verhältnis von Wachstum und Verschmutzung.“ Das stimmt. Doch die anderen Bedingungen können auch schlechter als zuvor werden, sodass die Umwelt auch ohne Wirtschaftswachstum zerstört werden kann. Selbst bei Nullwachstum verrichtet die Wirtschaft einer Industriegesellschaft weiterhin ihr zerstörerisches Werk der Verschmutzung und Beeinträchtigung der Umwelt.

[8] Der Originaltext wurde 2014 verfasst; d. Übers.

Die Umwelt ist mehr als bloß das Klima, von dem Krugman annimmt, es könne dadurch stabilisiert werden, dass man konventionelle Energien durch erneuerbare ersetzt. Und die Umweltkrise ist viel umfassender als die Klimakrise. Neben dem Zustand des Klimas umfasst sie den Zustand der Ozeane, der Flüsse, des Ackerlands, der Wälder, der Artenvielfalt und viele andere Dinge. Krugman scheint nicht zu wissen: Wenn wir alle reicher werden sollen, dann erfordert dies weit mehr als die Installation von mehr Solarpaneelen und Windturbinen. Es würde bedeuten, mehr fossile Brennstoffe und mehr Erze aus dem Boden zu holen, mehr Dämme, Fabriken, Straßen, Häuser, Stadien, Autos, Flugzeuge usw. zu bauen. Dies würde der Umwelt den finalen Todesstoß versetzen. Wir würden dann sehen, dass man Geld nicht essen kann.

Meine Hoffnung ist es, dass es nicht mehr möglich sein wird, dass wir alle reicher werden. Denn nicht nur die Ölförderung hat ihren Scheitelpunkt erreicht, auch die anderen nicht erneuerbaren Ressourcen gehen sehr schnell zur Neige. Vor Kurzem sah ich einen Dokumentarfilm, der aufzeigte, dass selbst die gewöhnlichste aller Ressourcen, nämlich (zum Bauen geeigneter) Sand, so knapp geworden ist, dass er gestohlen wird (Arte-Doku: Sand – die neue Umweltzeitbombe). Für große Bauprojekte wird sogar Sand vom Meeresgrund herausgeholt. Wir sollten in der Tat darüber sprechen, wie wir uns auf einen frugaleren, genügsameren Lebensstil vorbereiten.

Vielleicht sollten wir uns auf viel Schlimmeres vorbereiten. Vor Kurzem hat ein amerikanisches Forscherteam ein Projekt durchgeführt, um die Bedingungen zu eruieren, die dazu führten, dass menschliche Zivilisationen in der Vergangenheit zusammengebrochen sind. Das Projekt wurde zum Teil von der NASA finanziert, der Organisation, die sich seinerzeit zum Zweck gesetzt hatte, den Menschen zum Mond zu bringen. Die Wissenschaftler kamen zur Schlussfolgerung, dass es starke Hinweise darauf gebe, dass unsere gegenwärtige Zivilisation ihrem Zusammenbruch entgegengeht (Ahmed 2014).

Polemik nützt nichts: Der Streit um die Überbevölkerung aus ökosozialistischer Sicht

Das Bevölkerungswachstum ist nicht nur ein sehr wichtiges, sondern zugleich auch ein heikles, ja explosives Thema. In vielen linken, feministischen und der Solidarität mit der Dritten Welt verbundenen Kreisen ist es fast nicht möglich, dieses Thema als ernsthaftes Problem zur Sprache zu bringen. Für viele ÖkologInnen des globalen Nordens ist es ein Tabu-Thema. Sie scheuen sich oft, diese Frage aufzuwerfen, aus Furcht, sie würden als Ökoimperialisten diffamiert.

Das ist verständlich. Solange imperialistische Institutionen wie die US-Regierung, die Rockefeller Foundation, die Weltbank oder einzelne Fachleute wie Garrett Hardin (Hardin 1974) und Maurice King, der eine Art „passive Euthanasie" vorschlug (King 1990) (aber auch Regierende des globalen Südens), die stärksten Befürworter der Geburtenkontrolle sind, werden die Gegner ihrer Politik natürlich jeder Art von Bevölkerungspolitik mit Misstrauen begegnen. Solange Erstere meinen, die Letzteren würden Kinder produzieren wie die Karnickel oder sie wie Unkraut betrachten, werden Letztere und ihre politischen Sympathisanten zurückschießen. Solange Bevölkerungspolitik auf Kosten der Gesundheit von Frauen durchgesetzt wird, werden Frauengruppen sie natürlich ablehnen.

Das Ergebnis ist, dass eine echte Diskussion zwischen den beiden Seiten – den Ökologen des Nordens auf der einen und den Linken, Feministinnen und Dritte-Welt-Engagierten auf der anderen Seite – nicht stattfinden kann und auch tatsächlich nicht stattfindet. Üblicherweise haben wir es bei diesem Thema bloß mit Polemik zu tun. Doch Polemik ist nutzlos. Eine ernsthafte Diskussion zwischen den Befürwortern und Gegnern der Geburtenkontrolle tut not, denn das Problem ist sehr ernst, und es muss bald eine Lösung gefunden werden.

Damit eine echte Diskussion über dieses Thema überhaupt möglich wird, müssen zwei Tabus überwunden werden. Eines habe ich weiter oben bereits erwähnt. Ökologen des Nordens muss es gestattet sein, diese Frage aufzuwerfen, ohne sofort als Ökoimperialisten gebrandmarkt zu werden. Und unter anderem Linken muss es zugestanden werden, die Systemfrage zu stellen, ohne sich dem Vorwurf auszusetzen, sie hätten nichts gelernt. Die Geschichte ist nicht an ihrem Ende angelangt (vgl. Fukuyama 2022). Es muss erlaubt sein, den Kapitalismus, die freie Marktwirtschaft, die herrschende Weltwirtschaftsordnung usw. zur Diskussion zu stellen. Die Diskussion muss frei von Polemik sein. Wir alle, denen die Situation insgesamt Sorge bereitet – das ökologische Desaster, Hunger, Armut, Ausbeutung, Unterdrückung, Krieg, Frieden, das Schicksal der künftigen Genrationen –, müssen für einen Augenblick unsere Gegner vergessen, das Problem durchdenken und uns fragen, was wir tun würden, wenn wir darüber entscheiden müssten, was *heute* getan werden kann und muss.

1 Malthus: Der Unterschied zwischen dem Problem und der Politik

Das Nachdenken über dieses Problem muss mit Malthus beginnen. Wir müssen zwischen dem Problem an sich und der Politik unterscheiden. Bevölkerungspolitik kann so, aber auch anders sein. Die eine Politik kann abgelehnt, die andere akzeptiert werden. Doch das Bevölkerungsproblem ist ein objektiver Tatbestand, der nicht weggezaubert werden kann. Beides in der Diskussion zu vermischen, stiftet nur Verwirrung.

Die Empörung gegenüber Malthus ist gerechtfertigt. Ihm zufolge sind die Armen selbst schuld an ihrer Armut. Ohne Zweifel war er ein Verteidiger der damals immer noch herrschenden Klasse der Landbesitzer. Diese Klasse wollte keinen gesellschaftlichen Wandel, und auch Malthus hielt es für unmöglich, die Gesellschaft zu verändern. Doch es stellt sich die Frage, ob deshalb auch schon die Darstellung des Problems durch Malthus falsch ist.

Die schärfsten Kritiker von Malthus waren immer schon die Linken. Marx betrachtete Malthus' diesbezüglichen Essay (*An Essay on the Principle of Population*) als eine Verleumdung des Menschengeschlechts, und Engels schrieb im Jahr 1865: „Für uns sind die sogenannten ´ökonomischen Gesetze' keine ewigen Naturgesetze, sondern historische, entstehende und verschwindende Gesetze." „Was an der sog. Malthus'schen Theorie Haltbares ist", beruhte für ihn „allein auf Klassenherrschaft und Klassenausbeutung" (MEW 31, 466).[9] Das war keine Widerlegung im eigentlichen Sinne. Doch man unternahm auch ernsthafte Anstrengungen, eines der beiden Malthus'schen Gesetze zu bestreiten. Engels und Lenin anerkannten, dass Malthus' Gesetz bezüglich der Nahrungsmittelproduktion, nämlich dass diese nur in arithmetischer Progression zunehme, tatsächlich seine Grundlage im Gesetz des abnehmenden Ertrags hat. Sie erklärten, dass der Fortschritt der Wissenschaft und Technologie grenzenlos ist und dass dieser Produktionsfaktor das Gesetz des abnehmenden Grenzertrags außer Kraft setze, das ansonsten aber seine Gültigkeit behalte, das heißt im Hinblick

[9] Zu Marx' und Engels' Polemik gegen Malthus vgl. vor allem: MEW 1, 518-521; MEW 23, 644-646; MEW 26/2. 112-114. Einen guten Überblick bietet Meek 1971.

auf den Faktor der Produktionsarbeit. Gestützt auf diesen Optimismus sagte Fidel Castro in den frühen 1960er Jahren:

> ... niemand, der ein Bewusstsein davon hat, was der Mensch mithilfe der Technik und der Wissenschaft erreichen kann, wird der Zahl der Menschen, die auf der Erde wohnen können, eine Grenze setzen wollen (zit. in Enzensberger 1973, 17).

Einige Jahrzehnte nach dem Tod von Marx, Engels und Lenin schien Malthus tatsächlich durch die faktisch eingetretene Entwicklung widerlegt. Dank Wissenschaft und Technik stieg die Lebensmittelproduktion sprunghaft an. Wenigstens in den Industrieländern gab es keinen Hunger.

Doch Wissenschaft und Technik haben inzwischen weitere Erwartungen enttäuscht. F. E. Trainer (ich vermute ein Linker) zitiert Wissenschaftler, die in den Jahren 1979 und 1980 feststellten, dass die Erträge aufgrund von Technik im Allgemeinen zurückgingen (Trainer 1985, 211). Lester Brown schrieb:

> Die Reaktion der Feldfrüchte auf den Gebrauch von zusätzlichem Dünger nimmt nun ab, insbesondere in landwirtschaftlich fortschrittlichen Ländern. Während der Fünfzigerjahre bedeutete eine zusätzliche Tonne Dünger im Durchschnitt 11,5 Tonnen mehr Getreide. In den Sechzigern war das Reaktionsverhältnis 8,3 : 1. In den Siebzigern war es bereits auf 5,8 : 1 gefallen. (Brown 1984)

Was die Lebensmittelproduktion betrifft, so Trainer, so stagniert nicht nur die Pro-Kopf-Produktion seit einigen Jahren, sondern in manchen Bereichen auch die absolute Produktion (Trainer 1985, 209-210). Und die verheerenden ökologischen und sozialen Schäden, die die „moderne" Wissenschaft und Technik angerichtet haben (z.B. durch die sogenannte „Grüne Revolution", die chemische und radioaktive Kontaminierung) und weiter zu verursachen drohen (Gentechnik), haben viele Menschen dazu geführt, eine Rückkehr zu traditionellen Anbaumethoden zu fordern, was geringere Hektarerträge bedeutet.

Das andere Malthus'sche Gesetz, nämlich dass die Bevölkerung in geometrischer Progression wächst, *sofern man dieses Wachstum nicht kontrolliert,* ist schwerer zu widerlegen. Seinen Gegnern bleibt lediglich der Verweis auf die Tatsache, dass in Industrieländern die Bevölkerung aufgehört hat zu wachsen oder nur sehr langsam wächst. Doch auch das ist keine wirkliche Widerlegung, weil ja die Paare in diesen Ländern verschiedene Methoden der Geburtenkontrolle anwenden. Ein durchschnittliches gesundes Paar in Deutschland könnte, sofern es keine Empfängnisverhütungsmethoden anwenden und keine Abtreibungen vornehmen wollte, innerhalb von dreißig Jahren 15 Kinder in die Welt setzen. Die beiden Malthus'schen Gesetze sind ganz offensichtlich Naturgesetze.

2 Die gegenwärtige Kontroverse: Was sollte zuerst in Angriff genommen werden?

In den 1970er und 1980er Jahren hat sich die Debatte qualitativ verändert. Es ging nun nicht nur um die Probleme von Hunger und Armut. Genau die Faktoren, die in der Vergangenheit dazu beigetragen haben, den Hunger zu überwinden – Wissenschaft, Technik und Industrialisierung –, haben uns die globale ökologische Krise beschert. Der Neomalthusianer Paul Ehrlich schrieb: „Langfristig könnte die fortschreitende Verschlechterung des Zustands unserer Umwelt mehr Tod und Elend verursachen als jede denkbare Kluft zwischen Nahrung und Bevölkerung." (zit. bei Weissman 1971, XI)

Einige Linke (wenn auch sicherlich nicht die Mehrheit) räumten ein, dass das Problem, wie es die Neomalthusianer beschrieben, tatsächlich existiert. Einer von ihnen, nämlich Steve Weissman, schrieb bereits im Jahr 1971:

> ... die Neomalthusianer führen die Antwort des 19. Jahrhunderts und der meisten Marxisten auf Malthus schnell ad absurdum. Diesmal können wir nicht einfach darauf

> warten, dass uns Wissenschaft und Technik aus dem Schlamassel helfen. Neue Wundergetreidesorten etwa [...] Doch wir kennen nun den Preis an Umweltzerstörung [...]. Die grüne Revolution konnte nicht einmal die landwirtschaftlichen Erträge liefern (Weissman 1971, XII).

Auch einige Neomalthusianer (auch in diesem Fall nicht die Mehrheit) sind über Malthus hinausgegangen. Ehrlich etwa schreibt:

> Der Kampf um die Rettung des Planeten ist nicht nur ein Kampf um Geburtenkontrolle und eine gesunde Umwelt, er ist auch ein Kampf gegen Ausbeutung, gegen Krieg und gegen Rassismus. (zit. bei Weissman 1971, XV)

Die beiden hier zitierten Autoren und ihre Geistesverwandten unterscheiden sich hauptsächlich aufgrund ihres politischen Ansatzes und ihrer politischen Prioritäten. Möglicherweise deutet Ehrlich den Begriff „Ausbeutung" weniger radikal als Weissman. Doch die entscheidende Frage lautet nach wie vor: Was sollte zuerst kommen? Entwicklung und radikale Gesellschaftsveränderung oder der Stopp des Bevölkerungswachstums? Es hat fast den Anschein eines Teufelskreises. An die Adresse der Linken formulierte Ehrlich: „Was auch immer eure Sache ist: Es ist eine verlorene Sache, wenn wir das Bevölkerungswachstum nicht unter Kontrolle bekommen." (zit. bei Weissman 1971, XV) Das heißt: Zuerst muss das Bevölkerungswachstum eingedämmt werden. Doch wie alle Linken, die erkannt haben, dass die Erde keine unbegrenzte Zahl von Menschen ertragen kann, ist Weissman der Überzeugung, dass Bevölkerungskontrolle unter den heutigen gesellschaftlichen Bedingungen überhaupt nicht funktionieren kann – oder allenfalls dann, wenn die herrschenden Klassen massive Gewalt anwenden. Das heißt, sie fordern zuerst eine radikale Gesellschaftsveränderung. Weissman schrieb:

> ... der Kapitalismus ist es, der diese Irrationalität hervorbringt und die Zerstörung der Umwelt vorantreibt [...], und

> ohne die Zerstörung des Kapitalismus werden weder grüne Revolutionen noch Geburtenkontrolle die mit Nahrung versorgen, die dafür nicht bezahlen können (Weissman 1971, XIII).

Was die Senkung der Geburtenrate betrifft, so können Linke zur Untermauerung ihrer Argumentation auf Kuba als Beispiel verweisen. Im Jahr 1959, dem Jahr der Revolution, betrug die Geburtenrate in Kuba 28 pro tausend Einwohner. Im Jahr 1983 war die Rate auf lediglich 14 gesunken (Brown 1984, 26). Und der Staat musste hierfür keine harten Maßnahmen ergreifen. Doch das Problem ist nicht so einfach. In China, wo ebenfalls revolutionäre gesellschaftliche Veränderungen stattgefunden hatten, musste der Staat zur Erreichung desselben Ziels sehr wohl zu harten Maßnahmen greifen.

Viele Kritiker äußern ihren Abscheu dagegen, der Geburtenkontrolle die Priorität einzuräumen, in außergewöhnlich übertriebener und diffamierender Weise. Sie sprechen von „Genozid", „Entvölkerung", „Beseitigung der Armen" usw. Warum sollte aber eine Politik, die lediglich will, dass Paare die Zahl ihrer Kinder auf zwei beschränken, gleichbedeutend mit Genozid, Entvölkerung, usw. sein? Das übersteigt das Verständnis eines jeden Menschen, der über Hausverstand verfügt. Oder sollten wir annehmen, dass die Führung der Han-Chinesen, die etliche Jahre lang eine Ein-Kind-Politik verfolgt hat, einen Völkermord am Volk der Han-Chinesen verübte? In der Tat ist Völkermord ein Verbrechen, das nicht nur imperialistische Staaten begehen können. Selbst schwächere Nationen, deren Bevölkerung stark wächst, können so etwas wie einen Genozid gegen noch schwächere und an Zahl geringere Volksstämme innerhalb ihres eigenen Territoriums verüben. Das kann man heute in vielen Teilen der Welt beobachten.

3 Wie akut ist die Krise? Wie viel Handlungsspielraum haben wir noch?

Wenn eine auf Gleichheit beruhende und gerechte Gesellschaftsordnung die Vorbedingung für die Akzeptanz einer Politik der Geburtenkontrolle der Mehrzahl der Völker im globalen Süden ist, dann erhebt sich die Frage: Für wie bald, wenn überhaupt, können wir die Verwirklichung einer solchen Gesellschaftsordnung erwarten? In den 1970er Jahren hatte es, insbesondere nach dem Sieg sozialistischer Revolutionen in Nicaragua und Südostasien, den Anschein, als würde dies nicht mehr lange dauern. Doch mittlerweile sind wir klüger geworden. Doch wenn allmähliche Veränderungen die einzige Hoffnung sind, dann könnte es lange dauern, und die Bevölkerung würde in vielen Ländern weiter wachsen.

An dieser Stelle kommen verschiedene Argumente gegen die Notwendigkeit einer Politik der Geburtenkontrolle ins Spiel. „Entwicklung ist das beste Verhütungsmittel", war (und ist heute noch) der Slogan vieler Linker und durchschnittlicher Politiker des globalen Südens seit der Weltbevölkerungskonferenz in Bukarest im Jahr 1974. Dieses Argument wird auch durch die Theorie des demografischen Übergangs gestützt, die auf der Grundlage der historischen Bevölkerungsentwicklung in den industrialisierten europäischen Ländern behauptet, dass die Geburtenrate mit wachsendem Wohlstand falle und schließlich am Ende der dritten und letzten Phase des Übergangs der Sterberate gleichkommt. Doch diese Theorie wurde formuliert, bevor der Menschheit die Grenzen des Wachstums bewusst wurden. Alle Länder des Südens werden niemals in der Lage sein, das Wohlstandsniveau beispielsweise von Deutschland im Jahr 1972 zu erreichen, jenem Jahr, in dem es die dritte Phase des demografischen Übergangs vollendete. Zudem mag Wohlstand allein nicht ausreichen. In Saudiarabien, das in den letzten Jahrzehnten zu den reichsten Ländern der Welt zählte, beträgt die Geburtenrate immer noch mehr als 40 (Meadows/Meadows/Randers 1992, 54).

Als eine Art Hilfsargument führen Linke an, dass der Hunger in der heutigen Welt überhaupt kein Problem sei, dass es genug Nahrung in der Welt gebe, dass diese lediglich richtig verteilt werden müsse. Das ist vollkommen richtig. Dennoch bleiben einige Fragen:

a) Wir sorgen uns nicht nur um die heutige Situation. Wir müssen auch die Frage stellen: Wie lange kann die Nahrungsmittelproduktion mit der wachsenden Weltbevölkerung Schritt halten? Die Fakten und Zahlen, die ich den Beiträgen von Trainer und Brown entnommen habe, geben diesbezüglich keinen Anlass zum Optimismus.

b) Die negativen ökologischen Auswirkungen einer intensiven Landwirtschaft sind hinlänglich bekannt. Ist es zulässig, sie noch weiter zu intensivieren, um mehr Nahrung für eine wachsende Weltbevölkerung zu produzieren?

c) Wie können wir erwarten, dass die Menschen der Länder mit einem Nahrungsmittelüberschuss hart arbeiten und ihr Geld in die Landwirtschaft stecken, um letzten Endes ihren Überfluss den armen Völkern des globalen Südens zu schenken? Es gibt heute kaum eine internationalistische Gesinnung bei der Mehrheit der Völker der Welt. Selbst heute bestehende Nationen brechen aufgrund des Egoismus der Regionen auseinander. Wir dürfen das Ideal der internationalen Solidarität nicht aufgeben, doch das ist ein langfristiges Ziel. Darüber hinaus ist in jeder Hinsicht – ökologisch, wirtschaftlich und politisch –, zumindest, was die Ernährung betrifft, heute die beste Politik die der Selbstversorgung, der *Nahrungssouveränität*.

d) Die Länder mit Nahrungsmittelüberschuss würden mit Sicherheit versuchen, ihren Überschuss zu verkaufen. Doch woher werden die armen Länder des globalen Südens die

Devisen nehmen, um ständig steigende Nahrungsmittelimporte zu bezahlen?

Eine andere Argumentationslinie gegen eine Politik der Geburtenkontrolle stützt sich auf Berechnungen der maximalen Tragfähigkeit der Erde. Im Jahr 1982 behauptete eine Studie der FAO und der UNFPA, dass es genügend Land in der Dritten Welt (ohne China) gebe, um 33 Mrd. Menschen zu ernähren – jedoch nur dann, wenn jeder Quadratmeter kultivierbaren Lands ausgenutzt und riesige Mengen an Kunstdünger und anderen Chemikalien eingesetzt würden, um gerade so viel wie nötig an pflanzlicher Nahrung zu produzieren (Sadik 1990, 7). Doch es gibt auch eine Modellrechnung für die Produktion von genügend Nahrung für 15 Mrd. Menschen mit einem gemäßigten Einsatz von Kunstdünger und anderen Chemikalien. Es wird behauptet, dass dieses Modell einen ökologisch sorgsamen Umgang mit der Natur ermöglicht (Simon 1991, 30). Man geht allgemein davon aus, dass die Weltbevölkerungszahl sich irgendwann zwischen 2050 und 2100 auf elf bis 14 Mrd. stabilisiert. Diesen Modellrechnungen zufolge gibt es nicht nur genügend Zeit und Handlungsspielraum für ein langfristiges Programm radikaler Gesellschaftsveränderung oder Revolution, sondern auch überhaupt keinen Grund zur Panik.

Gegen diese Art von Argumentation habe ich einige Einwände, und sie bereitet mir Probleme:

a) Wenn wir in der Dritten Welt (ohne China) bei einem mäßigen Einsatz von Kunstdünger und anderen Chemikalien (weil wir die Umwelt nicht schädigen wollen) genug Nahrung für 15 Mrd. Menschen produzieren wollen, dann muss die Landwirtschaft flächenextensiver werden. Wir würden mehr landwirtschaftlich genutzte Fläche brauchen, aber auch mehr Land für Häuser, Straßen, Schulen, Büros, Fabriken usw. Natürlich gibt es immer noch eine Menge Land auf der Welt, das unter den Pflug gebracht werden kann. Aber wir wissen, dass jedes Jahr sechs Millionen Hektar an bebaubarem Land durch Bodenerosion, Versalzung usw. verloren gehen. Wenn sich dieser Trend fortsetzt, dann geht etwa so viel Land verloren wie jedes Jahr für die Landwirtschaft erschlossen werden kann (Stiftung Entwicklung und Frieden 1991, 237-238).

Doch nehmen wir einmal an, dass dieser Trend unter großer Anstrengung und mithilfe eines geeigneten Bündels an richtigen politischen Maßnahmen gestoppt werden kann. Selbst dann würde die Ernährung von 15 Mrd. Menschen auf der Grundlage einer flächenextensiven Landwirtschaft bedeuten, dass ein sehr großer Teil der noch bestehenden Wälder (inklusive Regenwälder) verloren ginge. Natürlich könnten die von Luxusindustrien zu bedienenden Wünsche radikal verworfen werden. Doch selbst die Befriedigung der anderen Grundbedürfnisse von 15 Mrd. Menschen wie Feuerholz und Bauholz würde zu einer fortgesetzten Zerstörung von immer mehr Wäldern führen. Doch abgesehen von der Tatsache, dass wir Menschen selbst einen bestimmten Teil von Land brauchen, der von Wald bedeckt ist, sind diese Wälder der Lebensraum vieler anderer Spezies (die wir übrigens auch brauchen). Hat die Spezies Mensch das Recht, mehr „Lebensraum" in Anspruch zu nehmen?

b) Millionen Menschen müssten in diesem Fall in Regionen emigrieren, die noch dünn bevölkert sind. Doch diese Regionen gehören anderen Menschengruppen – den Indigenen Amerikas, den Maori, den Aborigines und anderen Volksstämmen. Sollen sie von ihrem Land vertrieben werden? Sollen wir Krieg gegen sie führen?

c) Was sollen die Menschen der bereits dicht bevölkerten Länder wie Indien, Bangladesch, Ägypten usw. tun, wenn die Völker und Herrscher der dünn besiedelten Länder ihnen nicht die Erlaubnis geben, zu immigrieren? Was nutzen ihnen dann die oben erwähnten Modellrechnungen?

d) Die Voraussetzungen, um genug Nahrung für 15 Mrd. Menschen zu produzieren, sind den Gegnern jeglicher Art von Geburtenkontrolle zufolge eine vernünftige Agrarpolitik, eine an der Gleichheit orientierte wirtschaftliche Entwicklung, eine andere Entwicklungsstrategie, usw. Diese Dinge und einige weitere stellen ihnen zufolge die unabdingbaren gesellschaftlichen Bedingungen dar, unter denen das Bevölkerungswachstum sich nach und nach verlangsamen kann. Doch die Voraussetzung dieser Voraussetzungen sind radikal veränderte Machtverhältnisse. Das heißt: Diese „Voraussetzungen" sind in Wahrheit keine Voraussetzungen, sondern *Ziele*, für die wir uns politisch engagieren. Solche Ziele können erst nach einem langen Kampf erreicht werden. Wenn die Bevölkerung weiter wächst, bevor wir diese Ziele erreicht haben, dann wird das ökologische Gleichgewicht von der Natur selbst wiederhergestellt: durch Hunger, Krieg, Krankheit, Epidemien usw. Wollen wir das wirklich?

e) Man nimmt einfach an, dass sich die Weltbevölkerung auf elf bis 14 Mrd. stabilisiert. Aber wie? Automatisch? Weder Wohlstand noch eine gerechte und an Gleichheit orientierte Gesellschaftsordnung können von sich aus dafür sorgen, dass die Zahl der Kinder pro Paar auf zwei sinkt. Es sind lediglich günstige Bedingungen dafür. Das beweisen die bereits erwähnten Fallbeispiele Saudiarabien und China. Um der aktuellen Herausforderung gerecht zu werden, die Anzahl der Kinder pro Paar auf zwei zu beschränken, müssen die Paare bewusst etwas dafür tun – entweder auf eigene Initiative oder von der Gesellschaft dazu gedrängt. Und das heißt Geburtenkontrolle. Die einzige Frage, die sich hier stellt, ist, ob die Paare dies freiwillig oder unter Zwang tun.

4 Halbwahrheiten, Einseitigkeiten, dogmatische Positionen

Leider haben die meisten, die sich an diesem Streit (es war tatsächlich ein Streit und nicht nur eine Diskussion) beteiligt haben, auf beiden Seiten bis jetzt hauptsächlich mit Halbwahrheiten und einseitigen Erklärungen gearbeitet. In den 1970er Jahren hatten die Neo-Malthusianer nur eine Erklärung für die ökologische Krise parat: Überbevölkerung. Ehrlich schrieb zum Beispiel:

> Zu viele Autos, zu viele Fabriken, zu viel Waschmittel, zu viele Pestizide, zu viele Kondensstreifen, ungeeignete Kläranlagen, zu wenig Wasser, zu viel Kohlendioxid – das alles kann leicht reduziert werden auf: zu viele Menschen. (zit. nach Commoner 1992, 143)

Ehrlich, der die Existenz von Ausbeutung einräumte, erwähnte hier weder den Pro-Kopf-Konsum des reichen Nordens noch das kapitalistische System als Ursachen der ökologischen Krise. Seit den späten 1980er Jahren haben einige der Diskussionsteilnehmer zwar den Pro-Kopf-Konsum im Norden thematisiert, keineswegs aber den Kapitalismus.

Und die meisten Vertreter der anderen Seite schieben weiterhin die gesamte Schuld dem übermäßigen Konsum im globalen Norden, dem kapitalistischen System und dem Imperialismus zu. So zum Beispiel schrieb Ursula Pattberg, eine deutsche Dritte-Welt-Aktivistin, im Jahr 1992 (alle folgenden Zitate aus Pattberg 1992, 5-6):

> Ich bin gegen Bevölkerungspolitik, weil sie nicht das Gebot der Stunde ist. Erforderlich ist vielmehr eine andere Ressourcenpolitik. Es geht um eine Kulturrevolution: um die Verteilung von Land, Luft, Wasser, Nahrungsmitteln und anderen Dingen. Wenn wir diese Ressourcen gerechter verteilen können, dann ist die bevölkerungspolitische Debatte gegenstandslos.

Über die ökologische Krise schrieb sie:

> ... die Ursachen der Umweltzerstörung in Thailand [...] sind ganz eindeutig die Interessen des Kapitals. Es geht um Gewinnmaximierung und Naturausbeutung für kurzfristige Profite.

Dann berichtete sie:

> In Thailand gibt es ein People's Forum, in dem sich verschiedene Nichtregierungsorganisationen zusammengeschlossen haben. In ihrem Programm kommt das Wort „Geburtenplanung" überhaupt nicht vor; „Überbevölkerung" ist für sie kein Thema.

Sie zitierte schließlich aus dem Programm des „People's Forum:

> Die ökonomisch starken Länder werden ihre Anstrengungen zur Kontrolle der Ressourcen verstärken. Sie werden dazu alle Mittel und Wege nutzen [und dazu gehört auch die Bevölkerungsplanung: U. P.], einschließlich der internationalen Organisationen wie die Weltbank, um ihre günstige Ausgangsposition zu halten und ihre Interessen zu vertreten. Die Länder der Dritten Welt sind in diesem Prozess instrumentalisiert worden, ungeachtet der Tatsache, dass sie das Recht auf eine eigene Entwicklung haben.

Ursula Pattberg fasst zusammen: „Was die Gruppen fordern, ist ein Verfügungsrecht über ihre Ressourcen.

5 Ein anderer politischer Ansatz, der eine Synthese versucht

Anstatt jegliche Art von Bevölkerungspolitik rundweg abzulehnen und darauf zu beharren, dass zuerst die Revolution oder die Entwicklung kommen müsse, sollten wir uns für einen alternativen Vorschlag für eine Bevölkerungspolitik stark machen. Eine gute und höchst notwendige Sache fiel in die Hände von schlechten Leuten. Wir müssen sie uns wieder als unsere Sache aneignen und sie in unsere Bemühungen mit einbeziehen, eine an Gleichheit orientierte, gerechte und ökologische Gesellschaft aufzubauen. Wir müssen den Missbrauch von Fakten entlarven, doch wir dürfen die Fakten selbst nicht einfach bestreiten. Wir können zum Beispiel nicht leugnen, dass das Wachstum der Bevölkerung Indiens von 360 Millionen im Jahr 1951 auf 845 Millionen im Jahr 1991 und 1,3 Milliarden heute ein ernstes Problem für Indien (wenn nicht für die ganze Welt) ist, dass dieses Problem eine sehr starke Schädigung der Umwelt mit sich brachte und dazu die Verfügbarkeit pro Kopf von Land, Nahrung und anderen Ressourcen reduziert hat.

Es stimmt: Nicht die ökologische Krise *insgesamt* und nicht der Hunger in der Welt *insgesamt* wurden vom Bevölkerungswachstum verursacht. Doch dass es eine große Rolle hinsichtlich der verschiedenen heutigen und künftigen Krisen spielt, kann nicht geleugnet werden. Was der UNFPA (United Nations Population Fund = Bevölkerungsfond der Vereinten Nationen) dazu schreibt, ist nicht falsch:

> Die Bevölkerung ist immer ein Teil der Gleichung. Bei jedem gegebenen Stand der Technik, bei jedem gegebenen Konsumniveau oder jeder gegebenen Menge von Abfallproduktion und jedem gegebenen Niveau von Armut gilt: Je mehr Menschen, umso größer die Auswirkungen auf die Umwelt. (Sadik 1990, 10)

Wir müssen nur die anderen Teile der Gleichung ebenso betonen: die falsche Technik, den Überkonsum einer Minderheit (insbesondere im globalen Norden), die Müllproduktion und nicht zuletzt das gesellschaftspolitische System und die schlechte Weltwirtschaftsordnung (Imperialismus). Gegen eine Politik der Halbwahrheiten müssen wir eine Politik der ganzen Wahrheit praktizieren. Wir müssen zum Beispiel betonen, dass die Anzahl der Autos und damit gefahrenen Kilometer nicht dort am meisten wächst, wo die Bevölkerung wächst, sondern gerade dort, wo sich die Zahl der Menschen stabilisiert hat.

In diesem Zusammenhang ist es notwendig, zwischen den globalen und den lokalen, den regionalen und den nationalen Problemen zu unterscheiden. Im Falle der globalen Probleme – allgemeiner Schwund der Ressourcen, Ausdünnung der Ozonschicht, globale Erwärmung und die Verschmutzung der Ozeane, um nur einige der bekanntesten zu nennen – sind die Industriegesellschaften die Hauptschuldigen. Ihr Pro-Kopf-Konsum von Ressourcen und die Pro-Kopf-Emissionen von verschmutzenden Substanzen haben in den letzten Jahrzehnten enorm zugenommen. Doch auch Indien zum Beispiel ist zum Teil auch für die globalen Probleme verantwortlich. Selbst wenn wir davon ausgehen, dass der Pro-Kopf-Ressourcenverbrauch und die Emissionen pro Kopf nicht zugenommen haben, kann man die Tatsache nicht von der Hand weisen, dass das Wachstum der Anzahl von Menschen, die in einem gleichbleibenden Maß konsumieren und verschmutzen, in absoluten Zahlen einen großen Unterschied macht.

Was lokale, regionale oder nationale Probleme betrifft wie Wasserknappheit, die Verschmutzung eines Flusses, giftige Emissionen einer Chemiefabrik oder Bodenerosion aufgrund von Abholzung, so kann man nicht sagen, dass hierfür in den Ländern des globalen Südens allein oder auch nur hauptsächlich die Industrienationen verantwortlich sind. Natürlich tragen Industrienationen auch direkt oder indirekt zu solchen Problemen bei, da heute alle Nationalökonomien miteinander verflochten sind und da multinationale Konzerne überall präsent sind. Doch die Hauptverursacher solcher Probleme sind die Menschen dieser Länder und/oder ihre jeweilige herrschende Klasse.

Natürlich üben die ungerechte Weltwirtschaftsordnung und insbesondere die Verschuldungskrise einen enormen Druck aus. Doch zumindest was das ökologische Elend betrifft, so wäre es auch ohne diese beiden Faktoren, auch ohne

Imperialismus und Ausbeutung, vorhanden, und zwar schlicht aufgrund des Prozesses der wirtschaftlichen Entwicklung, von der, wie wir wissen, nicht nur die Reichen profitiert haben, sondern auch die organisierte Arbeiterklasse.

Die alternative Herangehensweise an das Bevölkerungsproblem, wie ich sie hier vorschlage, kann eine ökosozialistische genannt werden. Zugleich mit unserer Kritik am Imperialismus und Kapitalismus und zugleich mit unserer Forderung, dass die Ökonomien des globalen Nordens schrumpfen müssen, müssen wir auch eine aktive Politik für den Stopp des Bevölkerungswachstums fordern und unterstützen, und zwar *überall* in der Welt, in der es immer noch stattfindet. Denn wenn lediglich die Ökonomien des globalen Nordens schrumpfen, würde das nicht automatisch dazu führen, dass zum Beispiel der Bodenerosion im globalen Süden Einhalt geboten würde. Natürlich muss vielerlei getan werden, um die verschiedenen Probleme des globalen Südens zu lösen. Doch das Bevölkerungswachstum zu stoppen ist eine der wichtigsten Maßnahmen. Die Völker des globalen Südens sollten dies in ihrem eigenen Interesse tun und noch bevor sie eine Revolution durchführen können.

Die Hauptgründe für das Scheitern oder die Unangemessenheit der verschiedenen bislang durchgeführten Programme zur Geburtenkontrolle sind bekannt. Es gibt soziale, kulturelle und emotionale Gründe, die die Akzeptanz solcher Programme erschwert haben. Doch diese Schwierigkeiten waren nicht unüberwindbar. Unüberwindbar war tatsächlich lediglich die privatwirtschaftliche Rationalität, die Tatsache, dass für die Armen Kinder – in den meisten Fällen nur Söhne – Vermögensanlagen und in vielen Fällen die einzige Altersvorsorge sind. Das ist unüberwindbar, denn es hängt mit dem Selbsterhaltungstrieb zusammen. Mahmood Mamdanis Forschungsarbeit über das indische Dorf Manupur angesichts des totalen Scheiterns eines Programms der intensiven Familienplanung belegt, wie stark diese privatwirtschaftliche Rationalität ist. Mamdani schrieb:

> Kein Programm hätte Erfolg gehabt, denn die Geburtenkontrolle widersprach den vitalen Interessen der Mehrheit der Dorfbewohner. Verhütung zu praktizieren hätte bedeutet, in die ökonomische Katastrophe einzuwilligen. (Mamdani 1972, 21)

Für viele Bauern Manupurs erstreckte sich die privatwirtschaftliche Rationalität weit über die Altersvorsorge hinaus. Einige betrachteten ihre Kinder als billige Arbeitskräfte, die allein für Kost und Quartier „wie Esel arbeiteten". Angeworbene Arbeiter hätten mehr verlangt. Einige sahen in ihren Söhnen, die anderswo Arbeit bekommen konnten, eine Quelle des Wohlstands, denn die Söhne lieferten voller Respekt ihren Überschuss dem Vater ab. In beiden Fällen wurden die Kinder von den Eltern ausgebeutet. Dies konnte so lange weitergehen, so lange es den Kindern möglich war, einen Überschuss zu erwirtschaften, den sich der Vater aneignen konnte und immer noch kann. Und das war in Indien in dem Zeitraum von 1954 bis 1972, den Mamdani behandelt, möglich. Es war eine Periode schnellen Wirtschaftswachstums, die vielen Wohlstand bescherte. Die Söhne armer Bauern konnten in den Städten Arbeit finden.

Wie wir wissen, ist die Periode einer steten Entwicklung in den meisten Ländern des globalen Südens an ihr Ende angelangt. Die ökologische Grundlage der Wirtschaft der künftigen Generationen wurde oder wird zerstört. Kinder sind keine Wertanlagen mehr, wenigstens nicht für alle armen Leute. Die Straßenkinder von Mumbay oder Rio können den Eltern kaum irgendeinen Überschuss abliefern. Doch selbst wenn sie keinerlei Überschuss für die Eltern produzieren, wenn sie bloß überleben, ist da immer noch die – in vielen Fällen unbegründete – Hoffnung, dass sie sich um die alten Eltern kümmern und ihnen wenigstens zwei einfache Mahlzeiten am Tag geben würden. Dies mag in dieser brutalen, erbarmungslosen Welt Grund genug für arme Leute sein, fünf oder sechs Kinder in die Welt setzen zu wollen, damit wenigstens zwei von ihnen Söhne sind.

Dieser innere Widerspruch zwischen einer privatwirtschaftlichen Rationalität und dem Gemeinwohl einschließlich dem Kindeswohl und dem Wohl künftiger Generationen ist das stärkste Argument für den Sozialismus. Der alternative Politikvorschlag der Ökosozialisten sollte dieses Faktum zur Grundlage haben. Der Staat sollte (nur) den Armen eine Mindestaltersversorgung unter der Bedingung garantieren, dass sie die Zahl ihrer Kinder auf zwei beschränken. Es gibt Grund zur Hoffnung, dass der stärkste aller Instinkte, der Selbsterhaltungstrieb, arme Leute motivieren würde, dieses Angebot anzunehmen. Wenn man dem eine weitere Bedingung hinzufügen könnte, nämlich dass die Frau, die diese Garantie in Anspruch nimmt, nicht heiraten darf, bevor sie, sagen wir zwanzig Jahre alt ist, dann können diese Maßnahmen insgesamt einen substanziellen Beitrag zur Befreiung der Frau leisten.

Ob die Regierenden der Länder des globalen Südens diesen Vorschlag akzeptieren würden, ist zurzeit Spekulation, denn keine starke politische Kraft hat sich dem bislang verschrieben. Jedenfalls ist die Wahrscheinlichkeit, dass sie sich angesichts ihrer verzweifelten Lage darauf einlassen, größer als die Wahrscheinlichkeit, dass sie sich den Revolutionsbestrebungen mit Waffen und Soldaten nicht widersetzen würden, weshalb die Aussichten einer solchen Revolution auf Erfolg heute sehr schlecht sind. Volkswirtschaftlich gesehen ist eine garantierte Altersversorgung für die Armen viel billiger als alles andere, was unternommen werden muss, um eine wachsende Bevölkerung zu ernähren, zu kleiden, mit einem Obdach zu versehen und ihr eine entsprechende Bildung zukommen zu lassen.

Die gesundheitlichen Bedenken, derentwegen sich viele Frauengruppen jeder bisher praktizierten Politik der Geburtenkontrolle widersetzt haben, können leicht dadurch ausgeräumt werden, dass Männer aufgefordert werden, Kondome zu benutzen oder sich sterilisieren zu lassen. Im Patriarchat sind die Männer für alles verantwortlich, deshalb sollten sie auch die Last dafür tragen, die Geburtenrate zu senken. Der Staat kann überzeugend darlegen, dass eine Vasektomie (Durchtrennung der Samenleiter) harmlos, ein viel leichterer Eingriff und viel billiger ist als jede andere Methode. Es ist sehr wichtig, zwischen der absoluten Notwendigkeit der Geburtenkontrolle und dem Für und Wider bestimmter diesbezüglicher Mittel, Methoden und Programme zu unterscheiden.

Eine Einstellung vieler Feministinnen und vieler Linker, die nicht überzeugt, muss hier erwähnt werden. „Ob Kinder oder nicht, das muss von uns allein entschieden werden", lautete zu Recht der Slogan der deutschen Frauenbewegung der 1970er Jahre gegen die Gesetzgebung zur Abtreibung. Doch Selbstbestimmung, Autonomie, Freiheit oder reproduktive Rechte – wie auch immer man das nennen mag (vgl. Pattberg 1992, 5-6) – können nicht auf die Frage nach der Zahl der Kinder ausgedehnt werden. Sobald ein Kind geboren wurde, treten die Eltern mit Forderungen an die Gesellschaft heran. Mit den Eltern ist auch die Gesellschaft dafür verantwortlich, das meiste, was ein Kind braucht und brauchen wird, wenn es ein Jugendlicher wird, zur Verfügung zu stellen. Selbst wenn die Eltern bereit sind, hart für ihre Kinder zu arbeiten, ist die Gesellschaft möglicherweise nicht in der Lage, für sie Milch, Nahrung, Wasser, eine Schulbildung, Gesundheitsvorsorge usw. bereitzustellen, ohne diese Dinge anderen Kindern vorzuenthalten. Man hört oftmals das Argument: Frauen haben es immer schon verstanden, die Anzahl der Geburten zu begrenzen. Das stimmt. Aber sie konnten sie nicht immer auf zwei begrenzen. Selbst heute wollen die meisten indischen Frauen zwei Söhne, was zu fünf Geburten führen kann.

Eine Soziologin aus Simbabwe sagte mir, dass in ihrem Land eine Frau nur dann Ansehen in der Gesellschaft erlangt, wenn sie sechs Kinder geboren hat. Hinsichtlich aller anderen Rechte und Freiheiten eines Individuums gestehen wir ein, dass sie dort enden, wo sie anderen schaden. Dasselbe sollte man auf die reproduktiven Rechte anwenden. In einer Gesellschaft, die kurz vor dem Zusammenbruch steht, kann einem Individuum nicht die Freiheit zugestanden werden, etwa so viel Wasser zu konsumieren oder so viel Kohlendioxid auszustoßen, wie es aus freier Entscheidung heraus mag. In einem ähnlichen Sinne sollte jemand nicht die Freiheit haben, über die Zahl seiner Kinder zu entscheiden. Man mag die Freiheit haben, weniger als zwei oder überhaupt kein Kind zu zeugen, doch man sollte nicht die Freiheit haben, mehr als zwei zu zeugen. „Freiheit ist die Einsicht in die Notwendigkeit", hat Hegel seinerzeit formuliert. Die Ökologie und andere Wissenschaften, die mit der Frage der Tragfähigkeit der Erde zu tun haben, haben uns bereits vor die Notwendigkeit gestellt, dass Paare die Zahl ihrer Kinder auf zwei beschränken, besser noch, im Schnitt auf weniger als zwei.

Heute können ÖkosozialistInnen in ihrer Arbeit sehr wohl die beiden kurzfristigen Notwendigkeiten miteinander verbinden: die Notwendigkeit, dem Bevölkerungswachstum Einhalt zu gebieten, und die Notwendigkeit der sozialen Sicherheit. Sie können dies vernünftigerweise als Teil ihres langfristigen Kampfes für eine radikale Gesellschaftsveränderung verstehen. Eine garantierte Altersrente für die Armen würde, wenn sie in die Tat umgesetzt würde, den Beginn eines Wohlfahrtsstaates bedeuten. Von da aus ist ein Übergang zu irgendeiner Form von Sozialismus wenigstens vorstellbar, insbesondere in den armen Ländern der Welt, die innerhalb der kapitalistischen Marktwirtschaft unter der schweren Last der schlimmer werdenden wirtschaftlichen und ökologischen Krise leiden. Diese Herangehensweise würde zumindest jegliche Form von Kampf um den Sozialismus in keiner Weise behindern.

Einige radikale Linke mögen immer noch meinen, dass die wachsende Armut einer wachsenden Zahl von Menschen in eine Revolution münden mag. Doch das führt viel eher dazu, dass die Armen einander töten und dass die Ausgebeuteten und Unterdrückten versuchen, die anderen Ausgebeuteten und Unterdrückten auszubeuten und zu unterdrücken. Solches ist tatsächlich in der Welt bereits vorgekommen. Anstatt von einer solchen Revolution nur zu träumen, wäre es eine konkretere sozialistische Politik, wenn die Linken eine massive Kampagne für die hier vorgeschlagenen Maßnahmen organisieren würden. Sie kann als eine Kampagne für Ökologie *und* Sozialismus betrachtet werden. Wenn einige Linke meinen, dass heute, nach dem Fall der Berliner Mauer, die Idee des Sozialismus eine Chimäre sei, dann sollten sie immer noch für solche Maßnahmen werben. Schließlich würden sie, falls sie umgesetzt werden, wenigstens einen gewissen Ressourcentransfer von den Reichen zu den Armen bedeuten. Im Sinne ähnlicher begrenzter Ziele haben sie immer die Forderungen der organisierten Arbeiterklasse nach höheren Löhnen unterstützt. In den Ländern des globalen Nordens können Linke und andere Menschen, die sich mit den Menschen des globalen Südens solidarisieren, die Forderung erheben, dass ihre Staaten den Ländern des globalen Südens in dieser Sache materiell unter die Arme greifen.

Was ist Ökosozialismus?

John Bellamy Foster und Saral Sarkar im Vergleich

von Jonathan Rutherford

1 Einleitung

Gegen Grüne jeglicher Richtung gibt es den altbekannten Vorwurf, sie seien *Wassermelonen*, also außen grün und innen rot. Oder um eine andere Metapher zu gebrauchen: Die grüne Bewegung sei der unredliche Versuch, den „alten Wein" des Sozialismus in modische grüne Weinflaschen abzufüllen. Wenn die so Apostrophierten überhaupt darauf antworten, so weisen sie den Vorwurf rundweg zurück, wie dies vor etlichen Jahren auch der australische grüne Spitzenpolitiker Richard di Natale getan hat (The Guardian 2016).

Doch innerhalb der Umweltbewegung gibt es eine Denkrichtung, die das Abzeichen der Wassermelone stolz trägt und öffentlich zeigt. Ich beziehe mich hier natürlich auf die „ÖkosozialistInnen". Jeder, der schon längere Zeit in der Umweltbewegung aktiv ist, ist ihnen wahrscheinlich begegnet. Vertreter des Ökosozialismus mögen argumentieren: Wenn es auch Sinn ergibt, kurzfristig für Reformen innerhalb des kapitalistischen Systems zu kämpfen, so erfordert eine effektive und sozial gerechte Antwort auf die sich verschärfende ökologische Krise letztlich die Überwindung des weltweiten Kapitalismus und dessen Ersatz durch eine weltweite sozialistische Wirtschaftsordnung.

Weniger bekannt dürfte sein, dass es in den Reihen der ÖkosozialistInnen selbst beträchtliche inhaltliche Differenzen gibt. Ich spiele hier nicht auf ein weiteres Beispiel der sektiererischen Spaltungen an, die die radikale Linke einen Großteil ihrer Geschichte durchgemacht hat. Es geht vielmehr um grundsätzliche theoretische Differenzen innerhalb dieses relativ kleinen politischen Spektrums. Diese Differenzen wurden bei einem kurzen Online-Schlagabtausch (Ecologise 2017) zwischen zwei prominenten Ökosozialisten deutlich: Dem Amerikaner John Bellamy Foster und dem Deutsch-Inder Saral Sarkar. Letzterer forderte Foster unter anderem auf, folgende direkt formulierte Frage zu beantworten:

> Meint Foster, es sollte das unmittelbare Ziel des Ökosozialismus sein, eine Politik des „degrowth", einer schrumpfenden Wirtschaft und einer abnehmenden Bevölkerungszahl, einzuleiten? Und dass das langfristige Ziel eine sozialistische Ökonomie des stabilen Gleichgewichts (steady state) auf niedrigem Niveau sein sollte? (Ecologise 2017)

Sarkar argumentierte dann im selben Sinne wie in seinen beiden theoretischen Büchern (Sarkar 2001; Sarkar 2010), dass es nicht einfach nur der Kapitalismus sei, der die ökologische Krise bewirke, sondern jegliche Art von Industriegesellschaft (vgl. die Definition weiter unten), ob sie nun kapitalistisch oder sozialistisch ist. Für Sarkar ist im Kontext der gegenwärtigen ökologischen Krise der Hauptgrund für eine Option für den Sozialismus der, dass „eine sozialistische Politik der beste Weg ist, die Schrumpfung zur Rettung des Planeten zu erreichen" (Sarkar 2023, Bd. 1, 229-236). Ihm zufolge ist dies „das überzeugende neue Argument für den Sozialismus im 21. Jahrhundert" (Sarkar 2015). Und er entfernt sich noch weiter von seinen ökosozialistischen GenossInnen, wenn er darauf besteht, dass eine stetig zunehmende Weltbevölkerung ebenfalls ein bedeutender Faktor sei, der zur heutigen Krise beitrage, und ein *dringendes Problem*, das direkt angepackt werden müsse.

In seiner Erwiderung widersprach John Bellamy Foster, der wahrscheinlich weltweit bekannteste ökosozialistische Theoretiker, der Auffassung, dass „Degrowth" der geeignete Rahmen sei, um die ökologische Krise zu bekämpfen, da es die entsprechende Bewegung versäumt, eine „Kritik des Kapitalismus zu leisten oder die revolutionären strukturellen Veränderungen voranzubringen, die notwendig wären, um dem kapitalistischen System die Stirn zu bieten" (Ecologise 2017).[10] Foster wies auch die von Sarkar vorgebrachten Gedanken zurück, dass der Industrialismus und das Bevölkerungswachstum wesentliche Ursachen der ökologischen Krise seien. Für Foster ist das zentrale Problem die systeminhärente Dynamik des Kapitalismus.

Diese öffentliche Austragung gegensätzlicher Ansichten macht die theoretischen Differenzen deutlich, die man auch in den Veröffentlichungen der beiden Autoren findet. Diese Differenzen betreffen sowohl das Verständnis des Wesens unseres weltweiten ökologischen Dilemmas als auch die Frage, was zu tun sei, um ihm wirksam zu begegnen. Diese Meinungsverschiedenheiten beschränken sich nicht einfach auf diese beiden Individuen, sie sind stellvertretend für eine breitere Debatte innerhalb des Lagers der ÖkosozialistInnen sowie auch innerhalb der Umweltbewegung im weiteren Sinne.

Leute, die für einen freiwilligen einfachen Lebensstil eintreten – das heißt die weltweite Bewegung derer, die ihre Ausgaben für Konsumgüter und Dienstleistungen minimieren und mehr Zeit und Energie für nicht materialistische Quellen

[10] Wie sich jedoch noch herausstellen wird, mag diese Kritik auf einige aus der Degrowth-Bewegung zutreffen, keineswegs aber auf Sarkar, der in der Tat eine Kritik des Kapitalismus formuliert hat.

von Befriedigung und Sinn aufwenden wollen –, mögen sich fragen, inwiefern Ökosozialismus für sie relevant sein sollte. Bei UmweltaktivistInnen ist es eine gängige Auffassung, dass der Sozialismus nicht nur ein überholter und unglaubwürdig gewordener Komplex von Ideen, sondern auch unweigerlich mit dem Paradigma des industriellen Wachstums verbunden sei. Es bleibt zu hoffen, dass die weitere Diskussion in diesem Beitrag die Leser und Leserinnen davon überzeugen möge, dass ökosozialistische Gedanken bei all ihrer Unterschiedlichkeit einen bedeutenden Platz innerhalb der Diskussion um Lösungen unserer ökologischen Krise einnehmen, auch wenn die ÖkosozialistInnen nicht alle Antworten parat haben.

Ich will mit der Darstellung der Schlüsselargumente für den Ökosozialismus beginnen, wie sie alle Anhänger dieser politischen Philosophie vertreten. Dann will ich einen Blick auf die Gebiete werfen, die zwischen Foster und Sarkar strittig sind, und dabei nicht nur von ihrer Online-Debatte, sondern ihren Veröffentlichungen insgesamt ausgehen. Dies betrifft ein ganzes Spektrum von Themen, insbesondere solche, die die gegenwärtige Umweltkrise betreffen.[11] Dazu gehören: das Paradigma der „Grenzen des Wachstums", die Bedeutung des Marxismus, die Notwendigkeit der Schrumpfung („degrowth"), die Lebensfähigkeit des Industrialismus, Reaktionen auf das Bevölkerungswachstum, der zugrunde liegende Streit um die Energie und das revolutionäre Subjekt. Zuweilen werde ich die Ansichten anderer ÖkosozialistInnen einfließen lassen und diskutieren, um einen Eindruck von der Meinungsvielfalt zu geben, die sich durch viele dieser Themen zieht.

Die Hauptabsicht dieses Beitrags ist es, mithilfe der ausführlichen Behandlung zweier führender Vertreter eine Einführung in den Ökosozialismus zu bieten. Doch ich gebe keineswegs vor, einen neutralen Standpunkt einzunehmen. Ich

[11] Ich will hier keine umfassende Auseinandersetzung mit beiden Autoren leisten, deren Arbeit weit mehr umfasst als die Umweltkrise.

werde, wo ich es für angebracht halte, kritische Kommentare zu den Ansichten beider Autoren formulieren.

2 Das Anliegen des Ökosozialismus insgesamt

Alle Vertreter und Vertreterinnen des Ökosozialismus stimmen in einigen zentralen Punkten überein. Mit der Umweltbewegung im weiteren Sinne gehen sie davon aus, dass die Menschheit mit einer vielfältigen planetarischen ökologischen Krise konfrontiert ist. Das Argument, wodurch sich ÖkosozialistInnen unterscheiden, ist, dass diese Krise nicht wirklich innerhalb des oder mithilfe des kapitalistischen Systems gelöst werden kann, das heißt innerhalb des sozioökonomischen Systems, das heute in der Tat alle Gesellschaften der ganzen Welt dominiert.

ÖkosozialistInnen definieren den Kapitalismus allgemein als ein System, in dem die meisten der bedeutenden Produktionsmittel in privater Verfügung sind und in dem die Allokation wirtschaftlicher Ressourcen (Land, Arbeit, Kapital, Waren) sehr stark, wenn nicht vollständig, von Marktkräften abhängt. ÖkosozialistInnen stimmen alle darin überein, dass die kapitalistische Wirtschaftsordnung nicht nachhaltig gestaltet werden kann, da sie einem endlosen Drang nach Kapitalakkumulation unterworfen ist, der dem System zuinnerst eingeschrieben ist. Foster sprach für alle ÖkosozialistInnen, wenn er in einem Interview erklärte:

> Die Sache ist klar. Der Kapitalismus ist ein System mit einem inneren Antrieb zu grenzenloser Kapitalakkumulation und deshalb zu exponentiellem Wachstum. Es wächst deshalb ständig in seiner Größenordnung. Mit einer Wachstumsrate von 3 % würde sich die Wirtschaft innerhalb eines Jahrhunderts 16 mal vergrößern, 250 mal in zwei Jahrhunderten und 4000 mal in drei Jahrhunderten. Indessen bleibt die Tragfähigkeit des Planeten hinsichtlich der Quellen, der endlichen Ressourcen, und der Senken, der endlichen

> Aufnahmefähigkeit für Abfallprodukte, im Wesentlichen gleich. Die Tatsache ökologischer Grenzen und der Druck, den die Ökonomie auf sie ausübt, können deshalb nicht geleugnet werden. (Foster 2017)

ÖkosozialistInnen erörtern verschiedene systemische Faktoren, die den Drang zu endloser Kapitalakkumulation erklären (Smith 2010), doch der Hauptfaktor ist schlicht der Konkurrenzkampf zwischen privaten Firmen, die auf dem Markt verkaufen. Sarkar führt dazu aus:

> In der kapitalistischen Welt der brutalen Konkurrenz gilt das Gesetz „Expandiere oder geh unter!". Alle versuchen zu expandieren, investieren immer mehr, suchen und schaffen durch Werbung immer größere Märkte. Und das Nettoergebnis davon ist, dass die gesamte Wirtschaft wächst. Im Kapitalismus können alle Unternehmen nur dann Profite machen, wenn die gesamte Wirtschaft wächst. (Sarkar 2001, 241)

Das heißt nicht, dass das System immer und überall nur Wachstum kennt. Seine ganze Geschichte hindurch wurde der Kapitalismus von wiederkehrenden Wirtschaftsrezessionen und -depressionen heimgesucht. Und selbst wenn das System ein starkes Wachstum verzeichnet, so bedeutet die Tatsache der ungleichen Entwicklung, dass ganze Teile der Wirtschaft eine Stagnation durchmachen, auch wenn die Ökonomie insgesamt expandiert. Es gibt etwa heute in China und Indien ein rasches Wachstum, während Japan bereits Jahrzehnte lang stagniert. Und im Zeitalter der Globalisierung haben ganze Regionen des fortgeschrittenen Kapitalismus eine Art „erzwungene Schrumpfung" in Gestalt von Deindustrialisierung und anhaltender Arbeitslosigkeit durchgemacht, obwohl zur gleichen Zeit das nationale BIP weiterhin wächst. Trotz der ungleichen Verteilung der Vorteile und der periodischen Abschwünge ist das Wesen des Systems dennoch von einem andauernden Drang zum Wachstum um jeden Preis, auf der Mikro- und auf der Makroebene, charakterisiert.

Für ÖkosozialistInnen folgt daraus, dass die Überwindung der Wachstumswirtschaft nicht weniger erfordert als die Abschaffung des Kapitalismus. Sie schlagen vor, ihn durch ein neues Wirtschafts- und Gesellschaftssystem zu ersetzen, das drei Grundmerkmale aufweist (oftmals abhängig von den jeweiligen Theoretikern mit einigen Variationen):

1. Die meisten, wenn nicht alle Produktionsmittel werden entweder verstaatlicht, das heißt, sie gehen in staatliches Eigentum über, oder „vergesellschaftet", das heißt in irgendeiner Weise von ArbeiterInnen oder der Gemeinschaft kollektiv betrieben.
2. Die meisten, wenn nicht alle wirtschaftlichen Entscheidungen (das heißt was, für wen und wie produziert wird) werden eher mittels eines Prozesses gesellschaftlicher (idealerweise demokratischer) Planung getroffen als privaten, profitorientierten Unternehmern überlassen, die sich auf einem von Konkurrenz geprägtem Markt bewegen.
3. Die strukturellen wirtschaftlichen Veränderungen, die für eine ökologische Gesellschaft erforderlich sind, werden so gestaltet, dass sie dem Gleichheitsgrundsatz entsprechen, wobei das Endziel eine substanzielle Gleichheit hinsichtlich Wohlstand und Einkommen ist.

ÖkosozialistInnen wissen, dass ein solches Programm sowohl in fortgeschrittenen kapitalistischen Ländern als auch in den meisten Ländern des globalen Südens weit außerhalb der politischen Reichweite ist. Die „rosa Flut", die man vor etlichen Jahren in Lateinamerika erleben konnte und in deren Verlauf etliche linke Regierungen gewählt wurden, die sich einer sozialistischen Rhetorik bedienten, und auch der Aufstieg Jeremy Corbins und Bernie Sanders' sowie die Renaissance positiver Haltungen dem Sozialismus gegenüber, insbesondere unter einem erheblichen Teil der Jugendlichen (Foster 2018), mögen einen Hoffnungsschimmer darstellen. Doch es ist allgemeiner Konsens, dass Ökosozialismus im Sinne einer revolutionären Veränderung der kapitalistischen Gesellschaft derzeit überall auf der Welt in weite Ferne gerückt ist.

Deshalb stimmen ÖkosozialistInnen im Allgemeinen darin überein, dass der Kapitalismus nicht rasch überwunden werden wird, sondern dass es einer ausgedehnten Übergangsperiode bedürfe, die von Kampagnen für eine Vielzahl von „radikalen Reformen" (Foster 2018; Leahy 2017) geprägt sein wird, welche von links orientierten oder sozialdemokratischen Regierungen innerhalb des Rahmens des Kapitalismus umgesetzt werden können. Hierfür arbeiten sie konstruktiv und zusammen mit einem breiten Spektrum oppositioneller Gruppen der Zivilgesellschaft. Doch letztlich – darauf beharren sie – kann die ökologische Krise nur gelöst werden, wenn der Kapitalismus überwunden und durch einen ökosozialistischen wirtschaftlichen Rahmen ersetzt worden ist. Natürlich gibt es eine Menge Kritik am Ökosozialismus, wovon etliche von denen von uns geäußert wird, die für einen einfacheren Weg plädieren. ÖkosozialistInnen stimmen im Allgemeinen darin überein, dass es für den Prozess der Neustrukturierung der Gesellschaft in ökosozialistischer Perspektive unabdingbar ist, sich die Staatsgewalt anzueignen und auszuüben.[12] Ted Trainer hat vor einiger Zeit diesen – zumindest kurz- und mittelfristigen – staatszentrierten Ansatz kritisiert. Seiner Meinung nach

[12] Es stimmt, dass eine Vielzahl von SozialistInnen, die die Staatsgewalt ablehnen (AnarchistInnen, autonome MarxistInnen usw.), ebenfalls ideologisch als ÖkosozialistInnen eingestuft werden können, weil sie eine sozialistische Wirtschaft befürworten und der ökologischen Wiederherstellung einen bedeutenden Platz einräumen, doch das Etikett wird in den allermeisten Fällen für eine Untergruppe von StaatssozialistInnen verwendet (das heißt von SozialistInnen, die den Gebrauch der Staatsgewalt unterstützen), und deshalb beschränkt sich diese Diskussion auf diese Gruppen.

sollte man sich heute und in absehbarer Zukunft auf den Aufbau lokaler, genossenschaftlich geprägter nichtkapitalistischer Ökonomien und Kulturen auf der lokalen Ebene konzentrieren (Trainer 2017a).[13] Libertäre Linke merken kritisch an, dass ein Staatssozialismus (wenn nicht auch nichtstaatliche Varianten des Sozialismus) trotz allen Redens über Demokratie bloß den Staat in inakzeptabler Weise mit Macht ausstatten, damit die gescheiterten Experimente des 20. Jahrhunderts wiederholen und wichtige demokratische und wirtschaftliche Freiheiten untergraben würden (Bookchin 1969; Fotopoulos 2005). Diese Kritik kann hier nicht weiter entfaltet werden. Die Leser und Leserinnen mögen solche Kritiken ebenso wie die besten ökosozialistischen Antworten darauf selbst zu Rate ziehen.

Nachdem ich einige der zentralen Gemeinsamkeiten von ÖkosozialistInnen hier sehr knapp zusammengefasst habe, möchte ich nun anhand der Positionen von Saral Sarkar und John Bellamy Foster einen Blick auf die entscheidenden theoretischen Unterschiede zwischen ökosozialistischen Theoretikern werfen.

3 Das Paradigma der Grenzen des Wachstums

Ein wesentlicher Unterschied zwischen den beiden ist die Bedeutung, die sie jeweils dem Begriff der Grenzen des Wachstums beimessen. Sarkar war, seit er den berühmten Bericht

[13] Ted Trainer zufolge ist es die beste Art, den Kapitalismus zu besiegen, ihn „zu Tode zu ignorieren", das heißt, sich von ihm abzuwenden und damit zu beginnen, das aufzubauen, was ihn ersetzen wird, sowie Menschen davon zu überzeugen, dabei mitzumachen (Trainer 2017a). Die Staatsmacht zu übernehmen kann, wenn dies auch in irgendeiner Weise notwendig ist, nur die letzte Phase dieser Revolution sein, welche verständlicherweise nur nach einer tiefgehenden kulturellen und auf die lokale Ebene konzentrierten Transformation an der Basis erfolgen kann.

des Club of Rome gelesen hatte, von der Tatsache und Bedeutung ökologischer Grenzen überzeugt, und zwar sowohl, was die Grenzen der Ausplünderung von Ressourcen als auch die Grenzen der natürlichen Senken betrifft, das heißt der Fähigkeit der Natur, menschengemachte Verschmutzung und Schädigung der Umwelt zu absorbieren. Dies, so seine Überzeugung, verlange der Menschheit einen grundlegenden Paradigmenwechsel im Denken ab, eine Abkehr vom zurzeit hegemonialen „Wachstumsparadigma" und eine Hinwendung zum alternativen Paradigma der Grenzen des Wachstums.

> Es ist offensichtlich, dass das Grenzen-des-Wachstums-Paradigma einen radikalen Kurswechsel, womöglich eine Kehrtwende, in allen Bereichen der Wirtschaftspolitik erfordert. Und da die Wirtschaft die Grundlage aller anderen Aspekte der menschlichen Gesellschaft ist, gibt es keinen Zweifel, dass das Paradigma, welches den Kurs der wirtschaftlichen Aktivitäten bestimmt, Auswirkungen auf und Folgen für Politik und Kultur in ihrem weitesten sozialanthropologischen Sinne hat. (Sarkar 2001, 37)

Sarkar meint (Sarkar 2001; Sarkar 2010), dass die ökologische Linke ungeachtet ihrer Umweltrhetorik diesen Paradigmenwechsel nicht in genügendem Maße vollzogen habe. In ihrer politischen Analyse und ihren politischen Forderungen arbeitet sie immer noch mit Annahmen unter dem Vorzeichen des Wachstumsparadigmas. Um noch Salz in die Wunde zu streuen, vertritt er die Meinung, dass dieser Paradigmenwechsel eine Ablehnung des Marxismus nach sich zieht, da dieser ein Denken sei, das auf der Voraussetzung des Wachstums beruhe.

Fosters Ansicht unterscheidet sich davon in bemerkenswerter Weise. Er anerkennt natürlich die Tatsache ernst zu nehmender ökologischer Grenzen, mit denen die Menschheit konfrontiert ist. Dies ist tatsächlich ein zentraler Punkt seiner Arbeit. Doch er zeigt weniger Begeisterung, wenn es darum geht, die ökologische Krise in den Rahmen der „Grenzen des Wachstums" einzufügen. Foster ist ein führender Vertreter des

Ökomarxismus, der, wie er und seine Genossen Brett Clark und Richard York behaupten, alles andere als überholt ist und dem Diskurs von den Grenzen des Wachstums eine revolutionäre Dimension *hinzufügt*, die ansonsten fehlen würde. In ihrer „universalen, dialektischen" Sichtweise des Ökomarxismus gilt:

> Das Problem, einen lebensfähigen gesellschaftlichen und ökologischen Stoffwechsel herzustellen, wird – im Gegensatz zur Argumentationsweise der *Grenzen des Wachstums*, welche eher auf den abstrakten Begriff des „Wachstums" als auf das kapitalistische System selbst abzielt – ein zentraler Aspekt eines umfassenden revolutionären Prozesses. (Clark/Foster/York 2010)

Im Laufe der im Folgenden behandelten Themen wird klar werden, dass der Unterschied von beiden nicht so sehr Uneinigkeit über die Tatsache und Dringlichkeit der immer deutlicher werdenden Grenzen des Wachstums betrifft, sondern eher ihr diametral entgegengesetztes Verständnis davon, wie *hart* diese Grenzen sind und – was sogar noch wichtiger ist – was die *Folgerungen* daraus für eine ökosozialistische Theorie und Praxis sind.

4 Marxismus

Foster hat eine Menge Gelehrsamkeit aufgeboten, um zu zeigen, dass Marx vorausahnende Einsichten in die ökologisch zerstörerische Dynamik des Kapitalismus bot (Clark/Foster 2016). Er zeigt, dass Marx den naturwissenschaftlichen Begriff des „Stoffwechsels" benutzt hat, der „den Austausch von Materie und Energie [...] zwischen Organismen und ihrer Umwelt beschreibt" (Clark/Foster 2010; Clark/Foster 2016), um darzulegen, dass der Kapitalismus einen sich intensivierenden „metabolischen Riss" zwischen Mensch und Natur erzeugt. Insbesondere wies Marx auf die wachsende Spaltung zwischen Stadt und Land unter dem Vorzeichen einer industriellen

Landwirtschaft hin. Als Folge davon würden Nährstoffe für den Boden eher in städtisches Abwasser geleitet anstatt wieder dem Boden zugeführt zu werden. Auf diese Weise erzeugen sie einerseits Verschmutzung und schwächen andererseits die Bodenfruchtbarkeit.[14] Marx schrieb etwa: „Und jeder Fortschritt der kapitalistischen Agrikultur ist nicht nur ein Fortschritt in der Kunst, den Arbeiter, sondern zugleich in der Kunst, den Boden zu berauben." (MEW 23, 529) Heute, da Feldfrüchte aus einer Entfernung von Tausenden Meilen importiert werden, um an industrialisierten Futterplätzen für das Vieh zu landen und schließlich zu „kolossalen Mengen an Abfall" zu werden, die in Flussläufe gelangen, hat sich dieser Riss vergrößert (Higgs 2014).

Doch während Foster das Umweltbewusstsein hervorhob, das Marx früh[15] an den Tag legte, ist er weitaus weniger überzeugend darin, zu zeigen, dass sich Marx der grundlegenden ökologischen Grenzen im oben definierten Sinne bewusst war. Marx hat sicherlich erkannt, dass Ressourcenknappheiten einen größeren Einfluss auf die kapitalistische Ökonomie haben könnten (Perelman 1993). Doch er scheint gedacht zu haben, dass dies „die Unfähigkeit des Kapitals widerspiegle, die Umwelt zu beherrschen", und er „vertraute darauf, dass solche Probleme im Sozialismus überwunden werden könnten" (Perelman 1993, 70). Doch ökologische Grenzen gelten ebenso für jede Art von zukünftigem Sozialismus wie für den Kapitalismus (Kallis 2017). Sarkar (2010, 301) führt ins Feld, dass Marx einen Fehler begangen habe, indem er eine allgemeine

[14] Man könnte jedoch einwenden, dass Marx hier auf die ökologische Zerstörung des Industrialismus allgemein reagiert und nicht auf den Kapitalismus im Besonderen. Schließlich hat die Urbanisierung üblicherweise – wenn nicht zwangsläufig – zu einer Trennung von Nahrungsmittelproduktion und Konsum in allen Industriegesellschaften geführt, auch in der UdSSR.

[15] Es gilt eher umgekehrt, dass eine gewisse ökologische Nachdenklichkeit gerade erst dem späten Marx zuzurechnen ist; Anm. d. Übers.

Naturkonstanz angenommen habe. Wir wissen jedoch, dass erneuerbare Ressourcen ständig vermindert oder zerstört werden können, wenn sie die Menschen über Gebühr ausbeuten, und nicht erneuerbare Ressourcen wie etwa fossile Energieträger oder mineralische Rohstoffe sind per definitionem endlich und deshalb ständig mit jedem Gebrauch einem Schwund unterworfen.

In seiner Debatte mit Sarkar berief sich Foster auf Marx' Sozialismusverständnis, das er folgendermaßen zusammenfasst:

> Eine gesellschaftliche Formation, in der die assoziierten Produzenten ihren Stoffwechsel mit der Erde dergestalt in vernünftiger Weise regulieren, dass sie echte menschliche Bedürfnisse fördern und dabei gleichzeitig mit der Verausgabung von Energie sparsam umgehen. (Foster 2016)

Doch diese Definition wirft schlicht zwei Fragen auf: Erstens: Was ist unter „echten menschlichen Bedürfnissen" zu verstehen? Worin auch immer diese Bedürfnisse bestehen mögen (angenommen, man kann sie objektiv definieren): Heute wissen wir, dass deren Befriedigung die biophysikalischen Grenzen der Erde nicht durchbrechen darf. Natürlich kann Marx, der im 19. Jahrhundert schrieb, hier keinerlei *konkreten* Leitfaden bieten. Es ist sehr wahrscheinlich, dass diese Grenzen das Ende von für selbstverständlich betrachteten Konsumgewohnheiten bedeutet, die zur Zeit von Marx noch unbekannt waren, wie zum Beispiel Fernflüge in den Urlaub, den Kauf immer größerer elektronischer Geräte, Autofahren oder Lebensmittel außerhalb der entsprechenden Jahreszeit (vgl. Alexander 2011; Trainer 2010). Zweitens: Was das Sparen von Energie betrifft, lautet die entscheidende Frage: *wie viel?* Hier steckt der Teufel im Detail, und wiederum bietet uns Marx keine Orientierung, wenn es darum geht, was eine nachhaltige Zuteilung von Energie für alle über acht Milliarden Erdbewohner sein könnte.

Aber es ist nicht nur so, dass Marx uns für die gegenwärtige ökologische Herausforderung kaum Orientierung bieten kann. Wie die Mehrzahl der Intellektuellen des 19. Jahrhunderts hat auch Marx verständlicherweise das Wachstumsparadigma der Aufklärung übernommen, innerhalb dessen „die grundlegende Frage lautete, wie die Menschheit mithilfe von Wissenschaft und ihrer technischen Anwendung das Wachstum maximieren könne" (Fotopoulos 2005). Schließlich war für Marx eine Sichtweise der Geschichte bestimmend, die sich auf erfolgreiche Produktionsweisen konzentrierte und in deren Verlauf an entscheidenden historischen Wendepunkten die herrschende Produktionsweise eine Schranke für die künftige Entwicklung der Produktivkräfte darstellt. Dies würde zu einer Intensivierung des Klassenkonflikts (oder zum „Untergang der kämpfenden Klassen") und zum Übergang zu einer „höheren" Produktionsweise führen. Und deshalb pries Marx in viel beachteter Weise den Kapitalismus ob seiner Produktivkräfte und erklärte im dritten Band des *Kapital*:

> Die Entwicklung der Produktivkräfte der gesellschaftlichen Arbeit ist die historische Aufgabe und Berechtigung des Kapitals. Eben damit schafft es unbewusst die materiellen Bedingungen einer höheren Produktionsform. (MEW 25, 269)

Und wenn dies die historische Aufgabe des Kapitalismus war, dann folgt daraus, dass es auch die historische Mission des Kommunismus war. Es wird manchmal behauptet, dass sich diese Ansichten eher auf den jungen Marx beschränken und nicht seinen reiferen Arbeiten entsprechen.[16] Doch das ist nicht der Fall. In einer seiner letzten Schriften überhaupt, der *Kritik des Gothaer Programms*, die er im Jahr 1875 verfasste,

[16] Dem widerspricht ja gerade das eben angeführte Zitat aus dem posthum von Friedrich Engels herausgegebenen dritten Band des Kapital, der eindeutig dem „reifen" Marx zuzuordnen ist; Anm. d. Übers.

wird ebenso sehr die Verbesserung der Produktivkräfte der Menschheit betont:

> In einer höheren Phase der kommunistischen Gesellschaft, nachdem die knechtende Unterordnung der Individuen unter die Teilung der Arbeit, damit auch der Gegensatz geistiger und körperlicher Arbeit verschwunden ist; nachdem die Arbeit nicht nur Mittel zum Leben, sondern selbst das erste Lebensbedürfnis geworden; nachdem mit der allseitigen Entwicklung der Individuen auch ihre Produktivkräfte gewachsen und alle Springquellen des genossenschaftlichen Reichtums voller fließen – erst dann kann der enge bürgerliche Rechtshorizont ganz überschritten werden und die Gesellschaft auf ihre Fahnen schreiben: Jeder nach seinen Fähigkeiten, jedem nach seinen Bedürfnissen! (MEW 19, 21)

Ungeachtet der echten Sorgen Marx' hinsichtlich der Beeinträchtigung der natürlichen Welt durch den Kapitalismus, scheint also die Annahme, dass die Geschichte mittels des immer höheren Niveaus der Produktivkräfte voranschreitet – und dass dies eine Vorbedingung für die Erreichung der „höheren Phase" des Kommunismus sei – tief in seiner Weltsicht verankert gewesen zu sein – und bis in die jüngste Zeit auch in der seiner Anhänger. Dies führt Sarkar zur Schlussfolgerung, dass keine Art von Marxismus, wie sehr sie auch erneuert werden mag, den notwendigen Paradigmenwechsel zu den Grenzen des Wachstums überleben kann. Er formuliert dies folgendermaßen:

> Aber ein Sozialismus, der die Entwicklung der Produktivkräfte bis zum Niveau einer fortgeschrittenen Industriegesellschaft nicht voraussetzt, wäre kein *marxistischer* Sozialismus. Es ist schwierig, sich vorzustellen, wie der marxistische Sozialismus, der so tief in das Wachstumsparadigma eingebettet ist, sich für eine Ökologisierung eignen könnte. [...] Aber es ist nicht unsere Aufgabe, den *Marxismus zu retten*. (Sarkar 2001, 317)

Ganz offensichtlich geht Sarkar nicht davon aus, dass das Ende des Marxismus auch das Ende des Sozialismus zur Folge hätte. Doch für ihn muss eine wissenschaftliche Gestalt des Sozialismus für das 21. Jahrhundert die Einsichten der Öko-Wissenschaften zur Gänze in sein theoretisches System integrieren – und dies erfordert es, dem theoretischen Marx'schen Sozialismus nicht einfach nur Bruchstücke hinzuzufügen, sondern sich eine ganz neue theoretische Synthese anzueignen, die er als „Ökosozialismus" bezeichnet.

In dieser Frage geht Sarkar nicht konform mit fast allen anderen Ökosozialisten, die weiterhin irgendeine Art von Marxismus propagieren. Eine plausible Verteidigung hat zum Beispiel Michael Löwy vor einiger Zeit unternommen (Löwy 2017). Löwy gesteht zu, dass Marx in vieler Hinsicht überholt ist, insbesondere, was seine Geschichtsauffassung betrifft. Dennoch aber bricht er eine Lanze für die fortbestehende Bedeutung von Marx. Für ihn kann eine Ökologiebewegung, „die in der Lage ist, die gegenwärtigen Herausforderungen anzunehmen, nicht ohne die marxistische Kritik der politischen Ökonomie und ihre bemerkenswerte Analyse der zerstörerischen Logik, die der unbegrenzten Kapitalakkumulation innewohnt, auskommen" (Löwy 2017, 19). Wenn das alles ist, was man unter „Marxismus" zu verstehen hat, dann, meine ich, könnten dem alle ÖkosozialistInnen, vielleicht sogar Sarkar, hinsichtlich seiner Bedeutung zustimmen. Doch wir sollten deutlich machen, dass sich das sehr von dem unterscheidet, was man historisch unter Marxismus verstanden und praktiziert hat.

5 Degrowth

Degrowth war ein zentrales Thema der Debatte zwischen Sarkar und Foster. Mit dem Ausdruck „degrowth" beziehe ich mich auf die entstehende soziale Bewegung, die für ein „an

Gleichheit orientiertes Herunterfahren von Produktion und Konsum" eintritt, „welches das Wohlbefinden der Menschen erhöht und die ökologischen Bedingungen verbessert" (Schneider/Kallis/Martinez-Alier 2010). In der Debatte kritisierte Foster die Anhänger eines Degrowth, weil sie es versäumten, den Kapitalismus ausdrücklich als das Hindernis für die Schaffung einer ökologischen Gesellschaft zu bezeichnen:

> Der Begriff des Degrowth insgesamt wurde dadurch verzerrt, dass er allgemein dafür benutzt wird, den dominanten Begriff des Wirtschaftswachstums auf den Kopf zu stellen und schlicht dafür einzutreten, das System herunterzufahren oder seine Tendenz umzukehren, ohne für eine vollständige Kritik des Kapitalismus oder die Förderung der revolutionären strukturellen Änderungen einzutreten, deren es in der Konfrontation mit dem kapitalistischen System bedürfte. (Ecologise 2017)

Foster bringt etwas zum Ausdruck, was Konsens unter allen ÖkosozialistInnen ist: Degrowth kann nicht – wenigstens in gesellschaftlich und politisch akzeptabler Weise – erreicht werden, ohne es sich mit dem Kapitalismus anzulegen. Doch daraus folgt nicht, dass Degrowth selbst unnötig wäre. Das heißt lediglich, dass dieses Ziel die Konfrontation mit dem Kapitalismus erfordert. Wir sollten deshalb zu Sarkars weiter oben zitierter ursprünglicher Frage an Foster zurückkehren, um diesen Punkt zu klären. Geht Foster davon aus, dass eine sozialistische Gestalt von Degrowth notwendig ist? Und wenn ja: Wie radikal sollte dieser Prozess des Schrumpfens sein?

Fosters Antwort auf diese Frage ist nicht eindeutig. In einem Aufsatz schrieb er zu diesem Thema (Foster 2011) und stellte die bekannten Vorschläge Herman Dalys für eine Ökonomie des stabilen Gleichgewichts denen der Anhänger der Degrowth-Bewegung gegenüber:

> Degrowth als solches wird selbst von dessen Befürwortern nicht als eine stabile Lösung betrachtet, sondern als eine Lösung, auf die man abzielt, indem man die Größenordnung der Ökonomie auf ein Niveau der Produktion reduziert, das in einem Zustand des stabilen Gleichgewichts aufrechterhalten werden kann. Dies mag eine Schrumpfung der reichen Ökonomien um ein Drittel des heutigen Niveaus durch einen Prozess bedeuten, der zu Negativinvestitionen führen würde (da nicht nur neue Investitionen ausfallen, sondern auch lediglich einige (nicht alle) abgenutzte Kapitalbestände ersetzt würden. Eine Ökonomie des stabilen Gleichgewichts hingegen würde Ersatzinvestitionen durchführen, aber keine Neuinvestitionen tätigen. (Ecologise 2017)

Das ist eine hilfreiche Zusammenfassung zweier gegensätzlicher Vorschläge zur Bewältigung der ökologischen Herausforderung, doch in seinem Aufsatz scheute Foster davor zurück, eines der beiden Modelle zu befürworten. Um es deutlich zu sagen: Befürworter eines Degrowth stimmen der Auffassung zu, dass das langfristige Ziel eine Ökonomie des stabilen Gleichgewichts ohne ein BIP-Wachstum ist. Doch sie meinen, dass insbesondere in den überentwickelten Industrieländern eine Übergangsphase einer geplanten wirtschaftlichen Schrumpfung nötig ist, im Verlauf derer Kapital im finanziellen Sinne vernichtet wird (vgl. Sarkar 2001, 338-339).[17] Später gestand Foster in seiner Auseinandersetzung mit Sarkar (Ecologise 2017) zu, „dass wir eine Ökonomie des stabilen Gleichgewichts im Sinne Herman Dalys, also ohne Nettokapital-

[17] Sarkar spricht von finanzieller Vernichtung (im Gegensatz zur physischen), die zwangsläufig mit der verfügten Schließung von Firmen oder mit deren stufenweisem Abbau durch Quoten von Ressourcen etc. einhergeht, wobei physisches Kapital in Form von „Infrastrukturen, Fabriken, Maschinen, Bergwerken, Wäldern, Ackerland ..." weiterhin vorhanden wäre. Für Letztere gilt: „Da ihre volle Kapazität nicht gebraucht würde, würden sie wechselweise benutzt. Vor allem Maschinen würden für späteren Gebrauch ‚eingemottet'." (Sarkar 2001, 339)

bildung, anstreben müssen", doch weder an dieser Stelle noch sonst irgendwo in seinen Schriften gab er einen Hinweis darauf, dass er eine Zwischenphase geplanter wirtschaftlicher Schrumpfung für nötig halte. Dies steht in klarem Gegensatz zu Sarkars Position, der in seiner Forderung nach geplanter wirtschaftlicher Schrumpfung sehr direkt ist:

> Um Nachhaltigkeit zu erreichen, müssen die industriellen Wirtschaften schrumpfen, mit dem Ziel, den Steady-State zu erreichen. Diese Schrumpfung erfordert die Akzeptanz eines niedrigeren Lebensstandards als des heutigen, was aber nicht ein niedrigeres Niveau des Glücksgefühls bedeuten muss. (Sarkar 2001, 320)

Gemeinsam mit vielen Theoretikern der Degrowth-Bewegung ist Sarkar der Überzeugung, dass wir letztlich, was Degrowth (das heißt Schrumpfung) betrifft, keine Wahl haben, da ein zunehmender Schwund an Ressourcen und zunehmende ökologische Zerstörung der Weltwirtschaft dieses Schicksal bald aufzwingen werden – ein Prozess, der in einigen krisengeplagten Regionen der Welt wohl schon begonnen hat (vgl. Ahmed 2017). In seinen Augen können wir nicht mehr wählen, ob wir eine Schrumpfung haben sollen oder nicht, sondern wie sie vonstatten gehen wird: frei gewählt oder als unfreiwillige Katastrophe („by design" oder „by desaster").

Zu einem großen Teil hängt Sarkars Eintreten für ein Schrumpfen mit seiner Auffassung zusammen, dass Technologien „erneuerbarer" Energien nicht lebensfähig sind – was weiter unten noch diskutiert werden wird. Doch es stützt sich auch auf seine Überzeugung, dass wirtschaftliche Schrumpfung der einzige Weg ist, die radikale Reduktion des Ressourcenverbrauchs zu bewerkstelligen, die eine Voraussetzung für Nachhaltigkeit ist. Eines von Sarkars Schlüsselkriterien[18] für eine nachhaltige Wirtschaft lautet, dass sie „*hauptsächlich* auf

[18] Sarkar arbeitet insgesamt sechs Kriterien heraus (vgl. Sarkar 2001, 2020).

erneuerbaren Ressourcen basiert und nicht erneuerbare nur dann verbraucht, wenn es absolut notwendig ist" (Sarkar 2001, 218). Angesichts der Tatsache, dass heute mehr als 70 % der 70 Gigatonnen jährlichen Ressourcendurchsatzes der Weltwirtschaft aus nicht erneuerbaren Ressourcen bestehen (Material Flows 2016),[19] heißt das, dass hier radikale Einschnitte erforderlich sind, insbesondere in den Industrieländern, wo der weitaus größte Teil dieser Ressourcen verbraucht wird.

Sarkar weist die Vorstellung von sich, dass dies, wie allgemein angenommen, mittels einer Effizienzrevolution bewerkstelligt werden könne (Sarkar 2001, 215-219). Im Gegenteil, ab einem gewissen Punkt gebe es einen zwangsläufigen Widerspruch zwischen der *Ressourcenproduktivität*, wie sie für die erforderlichen radikalen Einschnitte nötig wäre, und einer verbesserten *Arbeitsproduktivität* (Sarkar 2001, 249). Dies hat dramatische wirtschaftliche Folgen, denn eine historisch steigende Arbeitsproduktivität war das Geheimnis hinter dem stetigen Wirtschaftswachstum. Sarkar schreibt:

> Steigende Arbeitsproduktivität führte zu steigender Produktion, höheren Löhnen und höherem Lebensstandard. Im Gegensatz dazu würde steigende Ressourcenproduktivität zu mehr Personenstunden pro Produktionseinheit führen, mithin zu höheren Lohnkosten für Unternehmen und niedrigeren Löhnen und bescheidenerem Lebensstandard für ArbeitnehmerInnen. Zur Verdeutlichung: Ein altes Haus zu renovieren oder eine Uhr zu reparieren, bedeutet Vermeidung von Ressourcenverschwendung; aber beides ist arbeitsintensiv. Man kann nicht beides haben: eine hohe Ressourcenproduktivität und eine hohe Arbeitsproduktivität. (Sarkar 2001, 249)

[19] Und natürlich werden auch viele erneuerbare Ressourcen in einem nicht nachhaltigen Maße entnommen bzw. genutzt, wie etwa Fisch, Boden, tropische Regenwälder, usw.

Dieses ehrliche Beharren darauf, dass Nachhaltigkeit eine Verminderung von Einkommen und Wohlstand – auch für Arbeiter! – erfordert[20], findet man unter Ökosozialisten selten, auch nicht bei John Bellamy Foster. Er schrieb zum Beispiel in der *Monthly Review*:

> Einer Sache sollten alle Ökosozialisten zustimmen können: dass eine nachhaltige Zukunft nun davon abhängt, die Macht der Arbeit weltweit zu stärken, auch für *höhere Löhne*[21] und Vollbeschäftigung. (Foster/Yates 2017, Hervorhebung J. R.)

Entgegen allem Anschein ermöglicht Sarkars Eintreten für Schrumpfung ihm meines Erachtens eine überzeugendere Begründung für den Ökosozialismus, denn er beraubt den Kapitalismus direkt seines stärksten Arguments, nämlich seiner dynamischen Tendenz, Wirtschaftswachstum voranzubringen. Wenn nun aber das Ziel nicht mehr darin besteht, die Wirtschaft wachsen zu lassen, sondern im Gegenteil, ihre Schrumpfung herbeizuführen, dann hat der Sozialismus einen entscheidenden Vorteil gegenüber dem kapitalistischen Modell. Sarkar führt drei Gründe dafür an (im Detail in seinen beiden

[20] Es sei hier klargestellt, dass er aus der Perspektive sozialistischer Werte betonte, dass diese Verminderung des „Lebensstandards" orientiert am Gleichheitsgrundsatz vollzogen werden müsse, wobei die Wohlhabenden die größte Last zu tragen haben und deren Ziel eine an Gleichheit orientierte Gesellschaft bescheidenen Wohlstands und eines Mindestmaßes an Einkommensgleichheit ist.

[21] Um Foster Fairness widerfahren zu lassen: Er mag hier im Gegensatz zur Arbeiterklasse hierzulande diejenige im globalen Süden im Sinn gehabt haben, die sicherlich höhere Einkommen verdient, um zu überleben und die Grundbedürfnisse abzudecken. Andererseits kann man argumentieren, dass in einer gut geführten einfacheren ökosozialistischen Gesellschaft materielle Bedürfnisse weitgehend mittels lokaler genossenschaftlicher Subsistenzökonomien angemessen befriedigt werden können, in denen nur sehr niedrige Einkommen nötig sind (vgl. Trainer 2010).

Büchern: Sarkar 2001 und Sarkar 2010 ausgeführt), warum ein sozialistisches Wirtschaftsmodell wesentlich für einen sozial gerechten und geordneten Prozess der Schrumpfung sein wird:

> 1. Die Schrumpfung der Wirtschaften der Welt muss geordnet vor sich gehen, sonst wird es unerträgliche Zusammenbrüche ganzer Gesellschaften geben. Nur in einer geplanten Wirtschaft wird eine geordnete Schrumpfung möglich sein, nicht in einer kapitalistischen Marktwirtschaft. Die in einer schrumpfenden Wirtschaft notwendige Rationierung von wichtigen, aber knappen Gütern ist in einer geplanten Wirtschaft leicht möglich, nicht aber in einer freien Marktwirtschaft. 2. Nur in einer sozialistischen politischen Ordnung kann mittels egalitärer Verteilung die breite Akzeptanz für die notwendige wirtschaftliche Schrumpfung erreicht werden. 3. Nur in einer geplanten sozialistischen Wirtschaft kann das Problem der Arbeitslosigkeit gelöst werden, die sonst in einer schrumpfenden Wirtschaft immer akuter werden würde. Da kann die Wirtschaft bewusst arbeitsintensive Technologien und Methoden benutzen, die zudem weniger Ressourcenverbrauch verursachen. (Sarkar 2010, 349)

Sarkars Eintreten für Degrowth führt uns zu weiteren wichtigen Unterschieden zu Foster und tatsächlich zu den meisten anderen Ökosozialisten. So unterscheidet Sarkar zum Beispiel klar zwischen den institutionellen Maßnahmen, die für die Übergangsphase nötig sind, um den Schrumpfungsprozess der Wirtschaft zu bewerkstelligen, und den Maßnahmen, die nach dem Erreichen der Endphase, einer Ökonomie des globalen Gleichgewichts mit einem stark reduzierten wirtschaftlichen Umsatz, zu treffen sind:

> Allerdings zeigt sich hier ein signifikanter Unterschied zwischen dem Öko-Sozialismus der Übergangsperiode und dem Modell einer öko-sozialistischen Steady-State-Gesellschaft. In Ersterem wäre ein starker Staat notwendig, um einen geplanten und geordneten Rückzug zu gewährleisten. Denn der Übergang muss höchstwahrscheinlich ge-

> gen die Opposition einer starken, uneinsichtigen Minderheit durchgesetzt werden. [...] Aber ein starker Staat, auch wenn er demokratisch verfasst wäre, stimmte nicht ganz mit dem Ideal der öko-sozialistischen Demokratie überein, das Demokratie auch im Wirtschaftsbereich und die Partizipation der Bevölkerung an der Politik auf allen Ebenen umfasst. Dieser Widerspruch muss in der Übergangsperiode ausgehalten werden ... (Sarkar 2001, 352)

Erst wenn die einfachere Ökonomie des stabilen Gleichgewichts erreicht worden ist – so Sarkar –, wird es denkbar sein, dass einfache Leute einen gewissen direkten Einfluss auf Planungsentscheidungen haben können. Diese Ansicht steht im Widerspruch zu der vieler anderer ÖkosozialistInnen (und ÖkoanarchistInnen), die für eine notwendige und mögliche radikal partizipatorische Form der Demokratie in beiden Phasen plädieren (vgl. Smith 2017; Trainer 2010). Das ist ein entscheidender Punkt künftiger Debatten unter ÖkosozialistInnen und der Umweltbewegung in einem umfassenderen Sinne.

6 Industrialismus

Für Sarkar muss ein echter Ökosozialist zwangsläufig ein Gegner der Industrialisierung sein.

> Das bestimmende Element im Begriff Ökosozialismus ist die Vorsilbe „öko". Und das bedeutet die Ablehnung des Industrialismus. Um ein guter Sozialist zu sein, muss man bloß den Kapitalismus ablehnen. Aber um ein Ökosozialist zu sein, muss man auch den Industrialismus als Zukunftsperspektive für die Menschheit ablehnen und einem Programm der Deindustrialisierung (oftmals etwas unbeholfen „degrowth" genannt) zustimmen, das für den Anfang zumindest die überentwickelten Länder betrifft. (Ecologise 2017)

Bevor wir diese Behauptung überprüfen können, müssen wir klarstellen, was mit Industrialisierung gemeint ist. Hier wird der Ausdruck „Industrie" benutzt, um Manufaktur in großem Maßstab und technische Produktion zu bezeichnen. Industrialisierung heißt deshalb der Prozess, im Verlauf dessen die Abhängigkeit einer Wirtschaft von industrieller Aktivität ständig zunimmt. Es wird oft behauptet, dass die Deindustrialisierung, die in den (über)entwickelten Ländern im Zeitalter der Globalisierung stattgefunden hat, bedeuten würde, dass diese Länder in eine „postindustrielle" Phase übergegangen wären. Doch diese Länder sind immer noch in hohem Maße auf die massenhafte Herstellung von Produkten und Prozessen – und die damit verbundenen nicht erneuerbaren Ressourcen – angewiesen, die sie zunehmend aus Industriezentren ärmerer Nationen importieren. Eine weitere Verkomplizierung stellt der Sachverhalt dar, dass angeblich nicht-industrielle Tätigkeiten (das heißt Landwirtschaft, Bergbau etc.) faktisch in hohem Maße mit in großem Maßstab gefertigter Hochtechnologie verbunden und davon abhängig sind. So sprechen wir heute zum Beispiel von industrieller Landwirtschaft, da die Tätigkeit der Bauern entlang der gesamten Lieferkette von vielen industriellen Technologien abhängig ist. Jedes Herunterfahren der industriellen Tätigkeit auf makroökonomischer Ebene mündet mit hoher Wahrscheinlichkeit in einer Verminderung (oder zumindest Produktivitätsverlusten) vieler sogenannter nicht-industrieller Tätigkeiten wie Landwirtschaft, Bergbau und viele Dienstleistungen, etc.

Für Sarkar ist Deindustrialisierung im oben beschriebenen Sinne die zwangsläufige Folge des Rufs nach Degrowth. So provozierend dies auch sein mag: Es ist eine plausible Auffassung. Ein wissenschaftlicher Beitrag (Gutowski/Cooper/Sahni 2017) weist nach, dass es einen sehr klaren positiven historischen Zusammenhang zwischen Industrialisierung (das heißt dem Anteil industrieller Aktivität am BIP) und dem BIP pro Kopf gibt. Und derselbe Beitrag zeigt auch auf, dass es einen klaren positiven Zusammenhang zwischen dem BIP pro Kopf und dem zunehmenden materiellen Fußabdruck gibt. Deshalb ist es eine zwingende Schlussfolgerung, dass eine radikale Reduktion des Ressourcenverbrauchs, wie er notwendig ist, um Nachhaltigkeit zu erreichen, eine Deindustrialisierung in großem Maßstab erfordern wird.

Dennoch stößt Sarkars Ablehnung des Industrialismus auf sehr wenig Unterstützung bei anderen Ökosozialisten. Wiederum spricht Foster für die meisten von ihnen, wenn er in einem Interview erklärt:

> Wir können die Industrialisierung nicht völlig aufgeben. Wir müssen sie vielmehr verändern. Wir können nicht zu irgendeiner Epoche zurückkehren, in der wir irgendwie harmonischer mit der Natur verbunden waren. Wir müssen als Gesellschaft voranschreiten.

Im Online-Schlagabtausch mit Sarkar vertrat Foster die Meinung: Dem Industrialismus die Schuld an der ökologischen Krise zu geben sei zu „abstrakt" und stelle eine nicht sehr hilfreiche Abkehr von der Analyse „konkreter gesellschaftlicher Formationen" wie des Kapitalismus dar. Dann führt er folgendes Argument ins Feld:

> Wenn man diese Logik konsequent weiter vorantreibt, dann würde sie einen dazu bringen, zu behaupten: Da vorindustrielle Gesellschaften ebenfalls ihre Umwelt zerstörten, ist Industrialisierung keine ausreichende Erklärung. Wir sollten deshalb das Umweltproblem der *menschlichen Gesellschaft allgemein* zuschreiben. Und weiter: Da Menschen soziale Lebewesen sind, kann die Gesellschaft selbst als unzureichende Erklärung betrachtet werden. Deshalb sollten wir das ökologische Problem mit der *Existenz des Menschen überhaupt* in Verbindung bringen. Also gibt es schlicht zu viele Menschen. (Ecologise 2017).

Als Antwort darauf würde Sarkar für „schuldig im Sinne der Anklage" plädieren! Wie wir weiter unten noch sehen werden, ist er davon überzeugt, dass das Bevölkerungswachstum in der Tat einer der Hauptfaktoren der ökologischen Krise ist, aber natürlich keineswegs der einzige. Im Sinne der berühmten Gleichung I = P x A x T (impact = population x affluence x technology)[22] vertritt er die Auffassung, dass Konsum und Industrialismus ebenfalls Schlüsselfaktoren für die ökologische Krise sind – unabhängig davon, ob sie innerhalb einer kapitalistischen oder sozialistischen Ordnung verfolgt werden.

Die Prämisse von Fosters Argument lautet, dass der Begriff „Industrialismus" zu abstrakt ist, um nützlich zu sein. Doch die allgemeine Definition, die ich weiter oben geboten habe, scheint keine Unklarheiten zu enthalten. Mehr noch: Historiker können sowohl die Zeit als auch den Ort des Beginns des Industriezeitalters, das heißt die industrielle Revolution in England, genau bestimmen. Und es stimmt zwar, dass der Industrialismus vielerlei Gestalt annehmen kann, doch das trifft auch auf den Kapitalismus zu. Das aber hält Foster nicht davon ab, vom Kapitalismus allgemein zu sprechen.

Fosters Argument wäre überzeugender, wenn er sich stattdessen auf Sarkars *pauschale* Ablehnung des Industrialismus konzentriert hätte. Dies ist ziemlich herausfordernd angesichts der Tatsache, dass wir uns sicherlich eine nachhaltige Gesellschaft vorstellen können, die ein niedriges Niveau an Industrialisierung aufrechterhält – natürlich im Vergleich zum heutigen Niveau stark herabgesenkt, aber dennoch unter Weiterverfolgung einiger industrieller Aktivitäten. Ein anderer Ökosozialist, Richard Smith (Smith 2017), anerkennt zum Beispiel, dass es einen Prozess der Deindustrialisierung im globalen Norden geben müsse. Doch er meint auch, dass eine künftige ökosozialistische Zivilisation in der Lage sein wird, einige

22 Die von Paul Ehrlich entwickelte Gleichung meint: Die Beeinträchtigung der Umwelt (impact) ist das Resultat von Größe der Bevölkerung (population), Wohlstand (affluence) und dem ökologisch schädlichen Grad der Technik; d. Übers.

Industrien und Technologien weiter zu betreiben, wenn auch in reduziertem Maßstab und innerhalb des Kontextes eines neuen sozialistischen Produktionssystems, in welchem der Fokus nicht auf der Maximierung des Umsatzes, sondern auf der Herstellung qualitativ hochwertiger und langlebiger Produkte liegt.[23]

In jedem Fall stellt die Notwendigkeit der Deindustrialisierung, wenigstens in gewisser Form, fundamentale Herausforderungen für die sozialistische Theorie dar. Unter dem Einfluss des Marxismus wurde lange Zeit gedacht, dass eine sozialistische Gesellschaft nur im Kontext einer hoch entwickelten Industriegesellschaft Erfolg haben kann. Sarkar stützt sich auf die Arbeit des Theoretikers Otto Ullrich und behauptet ganz im Gegenteil, dass eine hoch industrialisierte Gesellschaft ein *Hindernis* für eine authentische, emanzipatorische Form von Sozialismus sein kann.[24] Mit seinen zentralisierten Institutionen in großem Maßstab schafft der Industrialismus zwangsläufig Bedingungen der Herrschaft und Hierarchie, die mit der Demokratisierung der Gesellschaft unvereinbar sind – ein Problem, mit dem sich die Sozialismus-Versuche des 20. Jahrhunderts herumschlugen. „Die „Größe" der Institutionen bedeutet, dass sie von einfachen Leuten nicht leicht überblickt und damit verwaltet werden können. Andererseits würden ein Herunter-

[23] In ähnlicher Weise vertritt auch der Ökoanarchist Ted Trainer (Trainer 2010) die Meinung, dass die nachhaltige Gesellschaft das Beste, was die Moderne bietet, beibehalten kann und sollte – einschließlich der Beibehaltung jener Formen von Industrie und Technik, die sinnvoll sind –, und zwar in Kombination mit einer Rückkehr zu vielen einfachen vorindustriellen Techniken und Produktionsweisen wie Handwerk, einfacher Werkzeuge, Reparatur in Eigenregie und Häusern aus Lehmziegeln. Ob man seine Zukunftsvision des „einfacheren Weges" als eine Art von „Industriegesellschaft" bezeichnen kann, ist weitgehend eine Frage der Definition.

Ähnlich hat in jüngerer Zeit auch der Degrowth-Theoretiker Giorgos Kallis (Kallis 2017) argumentiert.

fahren und eine Vereinfachung der Ökonomie ermöglichen, dass Planungsprozesse eine dezentralisiertere und demokratischere Gestalt annehmen könnten, womit potenziell etliches an Ineffizienz vermieden werden könnte, die man im Zuge der zentralen Planung der sozialistischen Experimente des 20. Jahrhunderts erlebte. Sarkar schreibt:

> Wenn der Schrumpfungsprozess abgeschlossen und der Steady-State erreicht ist, würde es sehr viel einfacher geworden sein, die Wirtschaft zu planen und zu managen – wenn auch nur, weil das Produktionsvolumen und die Vielfalt der Güter und Dienstleistungen um einen Faktor 10 (in der Ersten Welt) gesunken sein würden. Zentralisierte Planung mit ihren Begleitproblemen könnte dann auf ein Minimum reduziert werden. (Sarkar 2001, 339)

Sarkar zitiert Ullrich und gelangt zur verblüffenden Schlussfolgerung, die das Marx'sche Schema völlig vom Kopf auf die Füße stellt: „Es gibt keine untere Grenze der ‚Produktivkraftentfaltung', die den Sozialismus unmöglich macht, sondern eine obere Grenze." (Ullrich 1979, 21. 102)

7 Bevölkerung

Von allen hier angesprochenen Themen ist wahrscheinlich das des Bevölkerungswachstums am umstrittensten. Seit Marx und Engels die Gedanken von Thomas Malthus zum Bevölkerungswachstum im 19. Jahrhundert vehement bestritten, wurde die Debatte hitzig geführt.[25] Die meisten Ökosozialisten vertraten die Meinung, dass das Bevölkerungswachstum kein

[25] Für diejenigen, die an dieser Debatte näher interessiert sind, verweise ich auf einen interessanten Meinungsaustausch, der vor etlichen Jahren zwischen Ökosozialisten zu diesem Thema stattgefunden hat: http://climateandcapitalism.com/2011/06/23/deep-ecology-versus-ecosocialism-part-two/.

oder höchstens ein zweitrangiges Thema im Vergleich zur „wahren" Herausforderung der Abschaffung des Kapitalismus sei. Wiederum nimmt Sarkar eine andere Haltung ein als seine Genossen. Für ihn ist das Bevölkerungswachstum nicht nur ein Hauptfaktor der heutigen ökologischen Krise, sondern *heute* auch strategisch das kritischste Thema, auf das sich AktivistInnen konzentrieren müssten. Und zwar deshalb, weil es das eine Gebiet ist, auf dem kurzfristig Fortschritte gemacht werden könnten, ohne dass man zuerst eine anscheinend weit entfernte sozialistische Revolution durchführen müsste.

Foster streitet nicht ab, dass „das Bevölkerungswachstum der Tragfähigkeit der Erde eine noch größere Last aufbürdet" (Ecologise 2017). An anderer Stelle hatte er gesagt, es sei „eines der ernstesten Probleme der Gegenwart" (Foster 1998). Doch für ihn ist es letztlich eine „abhängige Variable" (Ecologise 2017). Damit meint er, dass es ein Symptom von Armut und damit verbundenen „Faktoren wie Beschäftigung, Gesundheit, Erziehung, Frauenrechte, usw." sei, die durch den Prozess der ungleichen kapitalistischen Entwicklung bedingt sind. Er vertritt die Meinung, dass die Theorie des demografischen Übergangs „die Art und Weise betont, wie das Bevölkerungswachstum vom wirtschaftlichen und sozialen Wohlstand abhängt, und deshalb zu diesen Themen eine verlässlichere Orientierung bietet als der Malthusianismus" (Foster 1998).

Doch Sarkar ist nicht überzeugt. Er meint: Die Theorie des demografischen Übergangs sei unter der Voraussetzung des Wachstumsparadigmas formuliert worden, unter der man annimmt, dass die vier Milliarden in Armut lebenden Menschen eines Tages Wohlstand erlangen würden. Doch sobald wir den Paradigmenwechsel zu den Grenzen des Wachstums vollziehen, hält diese Annahme nicht länger stand. Wohlgemerkt: Er stimmt darin zu, dass die kapitalistische Armut ein Hauptfaktor des Bevölkerungswachstums ist, doch er beharrt darauf, dass die Lösung der ökologischen Krise zu dringend ist, um darauf zu warten, dass eine Revolution in ferner Zukunft mit Kapitalismus und Imperialismus aufräume. Wenn wir so lange warten und die Bevölkerung weiter wächst, dann „wird das zerstörte ökologische Gleichgewicht durch die Natur selbst wiederhergestellt werden – durch Hunger, Krieg, Bürgerkrieg, soziales Chaos, Krankheiten und Epidemien –, und das kann wohl niemand einfach geschehen lassen!" (Sarkar 2001, 214).

Foster betont seinerseits: Während arme Länder typischerweise die höchsten Raten des Bevölkerungswachstums aufweisen, haben sie gleichzeitig auch den niedrigsten CO_2-Fußabdruck pro Kopf und sind deshalb weniger verantwortlich für die Klimakrise (Ecologise 2017). Doch auch wenn das stimmt, übersieht diese Feststellung die Tatsache, dass die ökologische Krise viel umfassender ist als der Klimawandel. Wenn wir andere Kennzahlen betrachten, dann sticht das Bevölkerungswachstum deutlich als ein Schlüsselfaktor hervor. Man betrachte zum Beispiel den raschen Schwund nicht-menschlicher Spezies infolge der veränderten Landnutzung durch den Menschen. Während dies teilweise dem exportorientierten Agrobusiness und der Abholzung zugerechnet werden kann, ist es auch ein Ergebnis des wachsenden Bedarfs an Nahrung und Land für eine wachsende Zahl von Menschen (Fridley 2022; Sarkar 2023, Bd. 2, 195-197). Naafez Ahmed (Ahmed 2017) zeigt die Rolle auf, die das Bevölkerungswachstum – zusammen mit dem Peak Oil, also dem Erreichen des Scheitelpunkts der Ölförderung, und der Wasserknappheit – gespielt hat, um die zugrunde liegenden biophysischen Bedingungen für Konflikte und gesellschaftlichen Zusammenbruch im Nahen Osten zu schaffen. Sarkar führt auch das starke Argument ins Feld, dass die Ernährung von mehr als sieben Milliarden Menschen mittels biologischen Anbaumethoden (das heißt ohne fossile Energie) noch mehr Land in Anspruch nehmen und damit den bereits alarmierenden Artenschwund noch verschärfen und weiteren Druck auf indigene Völker ausüben würde, die versuchen, auf dem Land ihrer Vorfahren zu leben (Sarkar 2001, 205-214).

Die Debatte wird noch schärfer, wenn wir politische Maßnahmen zur Verlangsamung oder Reduzierung des Bevölkerungswachstums betrachten. Wahrscheinlich widersetzen sich nur wenige ÖkosozialistInnen den Maßnahmen, die eine breite Unterstützung erfahren, wie etwa der Bildung der Frauen, der Verbesserung des Zugangs zu Empfängnisverhütungsmitteln und der Hilfe zur Familienplanung. Sarkar meint, dass diese Maßnahmen unzulänglich seien. Er befürwortet zusätzlich die Gewährleistung einer Altersrente, um den wirtschaftlichen Anreiz für arme Familien zu schwächen, viele Kinder zu haben – eine Politik, der sich gleichfalls nur wenige ÖkosozialistInnen widersetzen dürften. Doch er geht noch weiter, und in einer Art und Weise, die fast alle SozialistInnen ablehnen würden. Er befürwortet direkte Kontrolle des Bevölkerungswachstums durch die Anhebung des Heiratsalters und – was am meisten umstritten ist – ein gesetzlich vorgeschriebenes, vom Staat gebotenes Maximum von zwei Kindern pro Paar. Es ist wichtig zu betonen, dass er hierfür die Vasektomie des Mannes empfiehlt, womit er Sorgen von Feministinnen bezüglich der Geburtenkontrolle in patriarchalischen Gesellschaften begegnet (vgl. zum Thema insgesamt Sarkar 2001, 205-214, sowie in diesem Band: S. 92, 101).

8 Energie

Allen oben erörterten Differenzen liegt eine tiefere zugrunde. Sie betrifft die Energiekrise. Energie ist allgemein als die entscheidende Ressource bekannt, da jede wirtschaftliche Aktivität ihrer als Grundlage bedarf, wie man leicht am engen positiven Zusammenhang zwischen dem weltweiten BIP-Wachstum und dem Energieverbrauch erkennen kann (Tverberg 2017a). Sowohl Foster als auch Sarkar stimmen darin überein, dass die Menschheit, will sie eine ungebremste katastrophale Erwärmung vermeiden, in den nächsten Jahren und Jahrzehnten einen schnellen Abschied von den fossilen Energieträgern hinbekommen muss. Das ist eine sehr schwierige Aufgabe, insbesondere angesichts der Tatsache, dass gegenwärtig mehr als 86 % der weltweiten Primärenergie aus fossilen Quellen stammen. An dieser Zahl hat sich seit Jahrzehnten ungeachtet der riesigen Investitionen in alternative Energiequellen wenig geändert. Die Notwendigkeit einer raschen Abkehr von den fossilen Energien wirft die Frage nach der Lebensfähigkeit (*viability*) von Technologien wie Windenergie, Photovoltaik und Solarkraftwerken auf. Können diese Energieformen dieselbe Menge und Qualität bereitstellen wie die fossilen Energieträger, wie es erforderlich ist, um eine Industriegesellschaft aufrechtzuerhalten?

Vor kurzem machte Sarkar deutlich, dass die unterschiedlichen Auffassungen zur Energiefrage der entscheidende Streitpunkt vieler Debatten der ökologischen Linken sind. Ich zitiere deshalb ausführlich:

> Wenn jemand Optimist ist, wenn jemand glaubt, dass 100 % erneuerbare Energien nicht nur ein erreichbares, sondern auch ein *leicht* erreichbares Ziel sind, dann stellt sich die Frage: Warum sollte man sich dann überhaupt weiterem Wirtschaftswachstum widersetzen und eine Wirtschaft des stabilen Gleichgewichts befürworten? [...] Schließlich gäbe es dann ja keine CO_2-Emissionen mehr, und wenn aus irgendeinem Grund doch welche zugelassen würden, dann würden sie bald wieder absorbiert werden und nicht in der Atmosphäre verbleiben. Dann würde das Problem der globalen Erwärmung nicht mehr existieren! Dann gäbe es überhaupt keine Verschmutzung mehr, denn mithilfe von billiger und im Überfluss vorhandener Energie könnte jedes Abfallprodukt leicht recycelt werden [...], und wir können dann weiteres Wirtschaftswachstum haben. Warum sollten wir auf derzeitigem Niveau in einem stabilen Gleichgewicht steckenbleiben? [...] Doch wenn der Opti-

> mismus in Bezug auf die Energie jeder Grundlage entbehrt, dann müssen wir den Prozess der wirtschaftlichen Schrumpfung rasch einleiten. Dann, und nur dann, ist eine an Gleichheit orientierte oder sozialistische Politik der beste Weg, diese Schrumpfung zur Rettung des Planeten zu erreichen. Und das ist das zwingende neue Argument für den Sozialismus im 21. Jahrhundert. (Sarkar 2023 I, 229-230)

Sarkars Argumentation ist nicht ganz korrekt. Wäre die ökologische Krise *wirklich* gelöst, wenn sich der Optimismus in Bezug auf die erneuerbaren Energien als berechtigt erweist? Sicherlich würde ein Zugang zu Energie im Überfluss die Reserven vieler nicht-erneuerbarer Ressourcen (von denen ja auch moderne erneuerbare Energiequellen abhängen) vergrößern, indem sie uns in die Lage versetzt, Erze mit geringerem Metallgehalt abzubauen, wenn auch mit einem steil ansteigenden Aufwand an Energie. Doch was ist mit erneuerbaren Ressourcen wie Fischbeständen, Trinkwasser, Regenwäldern, gesunden Böden, usw., die heute schneller ausgebeutet werden, als sie sich regenerieren können? Und was ist mit dem Artenschwund? Würde nicht der gegenwärtige – geschweige denn der für die Zukunft prognostizierte – Verbrauch an Energie viele dieser Probleme nur verschärfen? Die ökologische Krise kann, wie Steb Fisher (Fisher 2013) bemerkt, als eine Funktion unseres Zugangs zu Energie betrachtet werden: „Wir haben zu viel davon, und sobald wir sie nutzen, schädigen wir Ökosysteme." Das ist ein Grund dafür, warum man unabhängig von der Debatte über die Potenziale erneuerbarer Energien für Degrowth als sich zwingend ergebende Option plädieren kann.

Jedenfalls geht Sarkar weiter, indem er aufzeigt, dass der Optimismus in Bezug auf erneuerbare Energien jeder Grundlage entbehrt. Er stützt sich auf die Arbeit des ökologischen Wirtschaftswissenschaftlers Georgescu-Roegen (Georgescu-Roegen 1978) und zeigt auf, dass die Quellen erneuerbarer Energien (Sonne, Wind, usw.) im Überfluss vorhanden sind, aber dennoch im Vergleich zu fossilen Energieträgern ein erhebliches energetisches Defizit aufweisen. Während fossile Energieträger Energie in hoch konzentrierter Form gespeichert haben und eine hohe Energiedichte aufweisen, ist Solarenergie vergleichsweise diffus. Kallis (Kallis 2017, 6) schreibt: Erstere seien wie ein See, Letztere hingegen wie Regen. Das heißt, dass erhebliche Mengen an Energie, Material und – vielleicht am wichtigsten – Land (Capellán-Pérez/Castro/Arto 2017) erforderlich sind, damit moderne Technologien erneuerbarer Energieerzeugung die Energie in der Gestalt (Elektrizität und flüssiger Treibstoff) in den erforderlichen großen Mengen liefern, wie sie Industriegesellschaften brauchen.

Es überrascht, dass Sarkar einen noch bedeutenderen biophysischen Nachteil der erneuerbaren Energien weniger betont, nämlich die Tatsache, dass die hauptsächlichen Formen erneuerbarer Energie, Sonne und Wind, volatil sind, das heißt nicht stetig zur Verfügung stehen, weil sie wetterabhängig sind, was es schwer macht, eine verlässliche Energieversorgung sicherzustellen (vgl. Sinn 2017). Aufgrund dieser grundlegenden biophysikalischen Tatsache würde ein künftiges, auf 100 % erneuerbare Energie basierendes Versorgungssystem eine große Menge an redundanter Kraftwerkskapazität erfordern, um sicherzustellen, dass für die entsprechende Nachfrage immer ein genügend großes Angebot vorhanden ist, oder man müsste in riesige und gegenwärtig nicht vorhandene Energiespeichersysteme investieren. Es spricht alles dafür, dass sich beide Lösungen entweder als technisch nicht umsetzbar oder als unwirtschaftlich herausstellen, insbesondere wenn es darum geht, dass erneuerbare Energien die Menge an Energie bereitstellen, die erforderlich ist, um die gegenwärtigen Konsum- und Industriegesellschaften weiter am Leben zu halten (Trainer 2017b; Tverberg 2017b; Moriarty/Honnery 2016).

Doch während es tatsächlich starke Gründe dafür gibt, den Optimismus in Bezug auf die erneuerbaren Energien in Zweifel zu ziehen – wenn es um den Anspruch geht, mithilfe von erneuerbaren Energien die heutige Weltwirtschaft zu tragbaren Kosten am Laufen zu halten –, untergräbt Sarkar seine eigene Glaubwürdigkeit, indem er gegen *jeden* Rückgriff auf diese Technologien argumentiert. Um es klarzustellen: Er stimmt zu, dass künftige menschliche Gesellschaften vollständig auf erneuerbaren *Quellen* von Energie (das heißt auf Sonne, Wind, Biomasse, usw.) beruhen müssen, wie es ja vor dem Zeitalter der fossilen Energien immer der Fall war. Doch er glaubt nicht, dass sich die modernen *Techniken* der erneuerbaren Energien (Photovoltaik, Solarkraftwerke, Windturbinen ...) als lebensfähig erweisen, und das selbst in einem Kontext einer künftigen ökosozialistischen Gesellschaft mit einem weitaus geringeren Energieverbrauch.

Für diese radikale Position führt Sarkar zwei Argumente an. Erstens stellt er unbestreitbar richtig fest, dass diese sogenannten „erneuerbaren" Technologien zurzeit keineswegs erneuerbar sind, weil sie den Abbau vieler, oftmals sehr seltener nicht erneuerbarer Ressourcen erfordern, unter anderem fossile Energieträger. Deshalb sind diese Techniken langfristig nicht nachhaltig. Hier ist nicht der Platz für eine ausführliche Erwiderung, doch Kritiker haben dagegen eingewandt, dass die Energie für den Abbau der Rohstoffe und den Bau der Anlagen künftig von den erneuerbaren Technologien bereitgestellt werden kann und dass man auf diese Weise die Notwendigkeit des Einsatzes von fossilen Energieträgern im Bergbau und im Herstellungsprozess umgehen kann (Diesendorf 2017 a). Dann meinen sie, dass eine Kombination von Ersatz von Rohstoffen mit einem sorgfältigen Recycling sicherstellen kann, dass jede kritische Ressourcenknappheit hinausgezögert werden kann – wenn nicht für immer, so doch für einen Zeitraum, der lang genug ist (das heißt für Jahrhunderte), sodass eine begrenzte Nutzung dieser Technologien möglich ist (Diesendorf 2017b; WWF 2014).[26]

Sarkars zweites und wichtigeres Argument lautet, dass erneuerbare Energien keinen genügend großen Energieertrag im Vergleich zum Energiebedarf, der für ihre Bereitstellung selbst nötig ist (EROEI = Energy Return on Energy Invested), liefern können, um sich selbst am Leben zu halten und einen angemessenen Energieüberschuss zu produzieren, um die Industriegesellschaft über den Energiesektor hinaus hinreichend zu versorgen. Deshalb meint er, dass diese Technologien „nicht lebensfähig" im energetischen Sinne sind. Der einzige Grund, warum diese Technologien zurzeit finanziell tragbar sind, ist, dass sie eine versteckte Energiesubvention in Form von fossilen Quellen erhalten, deren Benutzung entscheidend ist, um die Gewinnung von mineralischen Rohstoffen durch Bergbau sowie die Herstellung und Wartung der erneuerbaren Technologien insgesamt zu gewährleisten. Ohne diese Subventionierung sind moderne erneuerbare Technologien „eine Verschwendung von Zeit, Mühe, Energie und vor allem knappen Ressourcen" (Sarkar 2017).

Doch Sarkars Argument ist nicht überzeugend. Denn wenn sich das Argument als zutreffend erweisen soll, dann müsste gezeigt werden, dass der EROEI aller Techniken der erneuerbaren Energien kleiner als 1 und damit nicht lebensfähig im energetischen Sinne ist, oder, wenn positiv, dann so schwach positiv, dass sie nicht genügend Energie bereitstellen können, um die Wirtschaftsbereiche außerhalb des Energiesektors weiter am Laufen zu halten. Diese Frage kann nur *empirisch* im Rückgriff auf die gegenwärtige wissenschaftliche Erforschung des EROEI der verschiedenen Technologien beantwortet werden. Doch Sarkar argumentiert ausschließlich *theore-*

[26] Es sollte betont werden, dass diese Argumente nur dann Überzeugungskraft haben, wenn man voraussetzt, dass wir zu einer Gesellschaft mit einem weitaus geringeren Energiebedarf übergehen.

tisch. Das heißt, die Argumentation stützt sich auf den (realen) physischen Nachteil erneuerbarer Energien, wie er oben dargestellt wurde, ebenso wie auf eine plausible, aber nicht endgültig geklärte Behauptung, dass sich der EROEI dieser Technologien in Zukunft aufgrund von stets größer werdenden Energiemengen, die erforderlich sind, um die zur Neige gehenden nicht erneuerbaren Rohstoffe zu gewinnen, welche man für den Aufbau dieser Technologien braucht, zwangsläufig verschlechtern wird. Diese theoretischen Erwägungen sind sicherlich wichtig, doch die Frage des EROEI kann nur empirisch geklärt werden. Und es stimmt zwar, dass es innerhalb der Wissenschaftlergemeinschaft viel Diskussion um den EROEI verschiedener Technologien erneuerbarer Energien gibt, doch es herrscht immer noch ein breiter Konsens darüber, dass sie, wenigstens an geeigneten Standorten[27], einen positiven Energieertrag erzielen und deshalb „lebensfähig" im energetischen Sinne sind (Raugei et al. 2017; Weißbach 2013).[28]

Schließlich wäre Sarkars Argumentation weitaus überzeugender, wenn er sich auf die bescheidenere Behauptung beschränken würde, dass erneuerbare Energien aufgrund des

[27] Es sollte angemerkt werden, dass der EROEI stark vom Standort abhängt, da die Windgeschwindigkeit und die Sonneneinstrahlung je nach Standort variieren. Und wie bei allen Ressourcen wurden die energetisch günstigsten Standorte zuerst genutzt.

[28] Viel wichtiger als der EROEI einzelner Technologien für sich genommen ist der EROEI eines zukünftigen Energiesystems insgesamt, das auf 100 % Erneuerbaren beruht. Zu berücksichtigen ist der Bedarf an großen Speicherkapazitäten und/oder redundanten Kraftwerken, um dem Problem der Volatilität zu begegnen. Leider gibt es nur wenige Studien, die sich mit dieser Frage im Detail beschäftigt haben. Ein Versuch in dieser Richtung von Ted Trainer schätzt, dass ein auf 100 % erneuerbare Energien beruhendes Energiesystem in Australien einen EROEI von 7 : 1 bis 5 : 1 aufweisen würde. Dies ist sicherlich recht niedrig im Vergleich zum EROEI des fossilen Zeitalters, doch selbst angesichts dessen legt es im Widerspruch zu Sarkar nahe, dass ein auf modernen Energien beruhendes Energiesystem im energetischen Sinne lebensfähig ist.

oben erörterten biophysischen Nachteils und ihrer Abhängigkeit von nicht erneuerbaren Metallen und Mineralien nur in einem Kontext eines alternativen Gesellschafts- und Wirtschaftssystems mit einem weit bescheideneren Energiebedarf lebensfähig sind. In dieser eingeschränkteren Form erfährt das Argument starke, wenn nicht zurzeit entschiedene empirische Bestätigung (Trainer 2017b; Moriarty/Honnery 2016). Es spricht ebenfalls sehr viel dafür, dass Systeme erneuerbarer Energien – ungeachtet ihres derzeitigen raschen Wachstums – in den kommenden Jahrzehnten schlicht nicht in einem genügend großem Maßstab errichtet werden können, der es ermöglicht, dass die Menschheit sich innerhalb eines sicheren CO_2-Budgets bewegt, es sei denn, dass dies mit einem Prozess ökonomischer Schrumpfung einhergeht (Hickel 2016). Dem könnte das pragmatische Argument hinzugefügt werden, dass die Chancen, die moderne grüne Bewegung davon zu überzeugen, Technologien der erneuerbaren Energien gänzlich abzulehnen, in extrem weiter Ferne liegen. Es ist schwer genug, sie davon zu überzeugen, dass der Optimismus im Hinblick auf erneuerbare Energien (im oben definierten Sinne) wahrscheinlich unbegründet ist. Selbst wenn sich herausstellen sollte, dass sich Sarkars pessimistische Haltung bezüglich der Nichtlebensfähigkeit als richtig erweist, sollten ÖkosozialistInnen heute so klug sein, diese Möglichkeit zu ignorieren und unter der Voraussetzung weiterzumachen, dass Technologien erneuerbarer Energien das Potenzial haben, die Basis für künftige Gesellschaften mit einem niedrigen Energieverbrauch abzugeben.

Jedenfalls kann man sehen, dass die Debatte über erneuerbare Energien enorme Folgen für die sozialistische Theorie hat. Wenn es stimmt, dass die Technologien erneuerbarer Energien weit weniger Nettoenergie als fossile Energien liefern können, dann folgt daraus, dass die modernen industriellen Überflussgesellschaften keine andere Wahl haben, als einen Prozess der ökonomischen Schrumpfung durchzumachen –

entweder geplant oder in Form von Katastrophen (by design oder by desaster).

Was hat John Bellamy Foster zu den möglichen Schwierigkeiten zu sagen, die mit dem Übergang zu erneuerbaren Energien verbunden sind? Im Gegensatz zu vielen innerhalb der Klimabewegung, einschließlich einiger Ökosozialisten, ist er sich sicherlich dessen bewusst, dass „die Hindernisse für einen solchen Übergang viel größer sind als gemeinhin angenommen" (Foster 2013). Doch sein Hauptgrund für diese Einschätzung ist nicht der inhärente physische Nachteil erneuerbarer Energien. Die hauptsächliche Herausforderung besteht für ihn vielmehr in der Aufgabe, den Übergang zu einem gänzlich (zu 100 %) auf erneuerbaren Energien beruhenden Energiesystem zu schaffen, die historisch beispiellos und insbesondere deshalb herausfordernd ist, weil das von den Klimawissenschaften eruierte Zeitfenster dafür sehr schmal ist.

> Das größte Hindernis sind die Anfangsinvestitionen für den Aufbau einer gänzlich neuen Energieinfrastruktur, die auf erneuerbare Energien ausgerichtet ist, anstatt auf die bereits existierende Infrastruktur für fossile Energien zurückzugreifen. Der Aufbau einer neuen Energieinfrastruktur erfordert riesige Mengen an Energie und würde – wenn der derzeitige Verbrauch und das Wirtschaftswachstum nicht reduziert werden – zu einer zusätzlichen Nachfrage nach den existierenden fossilen Ressourcen führen. (Foster 2013)

Foster führt hier die Gedanken ökologischer Wirtschaftswissenschaftlerlnnen weiter, die auf eine entstehende „Energiefalle" hinweisen, da der Übergang zu einem neuen Energiesystem, und insbesondere zu Technologien erneuerbarer Energien, einen so riesigen Aufwand an Energie (heute in Form fossiler Energie) vorab erfordert, dass er Gefahr läuft, die Energiekosten über das Maß zu steigern, das die Wirtschaft insgesamt ertragen kann, was potenziell in einen wirtschaftlichen Abschwung mündet (King 2017; Floyd 2015). Dies veranlasst

Foster zur Schlussfolgerung, dass der Übergang nur „mittels einer tektonischen Verschiebung in Richtung Energieeinsparung und Energieeffizienz" gelingen kann, was letztlich den Übergang zu einer Ökonomie des stabilen Gleichgewichts erfordert. Diese wiederum erfordert

> nicht nur eine neue, nachhaltigere Technologie, eine größere Effizienz und die Schaffung von Kanälen grünen Investments und grüner Jobs; es erfordert eine ökologische Revolution, die unser gesamtes Produktions- und Konsumsystem verändern und ein neues System schaffen wird, das sich an substanzieller Gleichheit und ökologischer Nachhaltigkeit orientiert (Foster 2013).

Foster und Sarkar stimmen deshalb beide darin überein, dass der Übergang zu 100 % erneuerbarer Energien eine wachsende Herausforderung darstellt und nicht weniger als die revolutionäre Transformation der Gesellschaft erfordert. Beide kritisieren sie jene (dominierenden) Teile der Klimabewegung, die diese Herausforderung als einen einfachen Kampf gegen Konzerne fossiler Energien auffassen und dabei implizit davon ausgehen, dass ein auf Erneuerbaren beruhendes Energiesystem den Konsum-Kapitalismus nachhaltig versorgen kann. Dennoch äußern sie sehr unterschiedliche Ansichten hinsichtlich des Potenzials erneuerbarer Energien. Für Sarkar spielen diese Technologien prinzipiell keine nützliche Rolle für den Übergang zu einer bescheidenen, ökosozialistischen, nachhaltigen Zivilisation. Foster hingegen betrachtet wie die meisten Leute in der Umweltbewegung den schnellen Ausbau von Technologien erneuerbarer Energien als zentral, wenn auch im Kontext eines umfassenderen revolutionären Kampfes für eine neue ökosozialistische Zivilisation.

9 Das revolutionäre Subjekt

Das letzte Feld des Meinungsstreits zwischen den beiden Ökosozialisten betrifft das „revolutionäre Subjekt", also die Frage, welche Akteure die gesellschaftliche Veränderung bewerkstelligen werden. Foster setzt seine Hoffnung auf das Entstehen einer „umweltbewussten Arbeiterklasse", die aus dem Zusammenfluss der wirtschaftlichen und ökologischen Krise des Kapitalismus heraus entsteht. Er formuliert es folgendermaßen:

> Wie wird sich der notwendige revolutionäre Übergang vollziehen? Ich bin davon überzeugt, dass die objektiven Kräfte heute nach und nach frühere Unterscheidungen zwischen der Ausbeutung am Arbeitsplatz und der Verschlechterung des Zustands der Umwelt zum Verschwinden bringen, da der Kapitalismus allgemein alle realen und materialen Produktionsbedingungen untergräbt. Dieser dramatische Wandel vollzieht sich im globalen Süden schneller als im globalen Norden. Als Ergebnis davon beobachten wir in so unterschiedlichen Regionen wie China, Indien, Ägypten, der Türkei, Südafrika, Brasilien, Bolivien, Ecuador und sogar in Teilen Nordamerikas (vor allem in der breiteren Bewegung rund um Kanadas von Indigenen angeführter Bewegung Idle No More[29]) das Entstehen dessen, was eine „umweltbewusste Arbeiterklasse" genannt werden könnte, die sich aus breiteren Bündnissen unterdrückter Gruppen im Kontext schlechterer materieller Bedingungen heraus bilden. (Ecologise 2017)

Im Hinblick auf die Wahl von Donald Trump sowie auf die starken Wahlergebnisse verschiedener neonationalistischer Parteien in ganz Europa muss jedoch gesagt werden, dass es alles andere als offensichtlich ist, dass die Arbeiterklasse auf

[29] Von drei indigenen Frauen und einer Weißen im Jahr 2012 gegründete Basisbewegung zur Verteidigung der Rechte der indigenen Bevölkerung; d. Übers.

die wirtschaftliche und ökologische Krise so reagieren wird, wie Foster es sich erhofft. Die Motivation dieser Wahlergebnisse, die weitgehend als Rebellion gegen das neoliberale Establishment interpretiert werden, welche entscheidend von der alten Industriearbeiterklasse unterstützt wird, lässt keinerlei Sorge um die Umwelt erkennen, ja in Wirklichkeit oftmals Feindseligkeit gegenüber solchen Belangen. Eher verbirgt sich dahinter die Sehnsucht nach der Wiederherstellung alter wirtschaftlicher und kultureller Privilegien, die man nun durch die wachsende Ungleichheit und abnehmende Wachstumsraten als in Auflösung begriffen wahrnimmt.

Sarkar hingegen mag keine besondere Rolle der Arbeiterklasse erkennen. Schließlich ist ein Prozess der wirtschaftlichen Schrumpfung nicht im materiellen Interesse irgendeiner Klasse innerhalb der Gesellschaft, am wenigsten dem der Arbeiterklasse (Sarkar 2001, 357-359). Im Gegensatz zu Marxisten jeglicher Richtung sieht er also keine Klasse, der eine entscheidende Rolle zukäme – mit Ausnahme vielleicht der Leute in der Führung, die sich die ganze Geschichte hindurch in einem überdurchschnittlichen Maße aus der gebildeten Ober- und Mittelschicht rekrutierte. Für Sarkar wird die Revolution von all jenen getragen werden, die sich um den Zustand der Welt kümmern. Diese Engagierten

> können in allen Klassen und Schichten der Gesellschaft gefunden werden – außer vielleicht unter den Unternehmern, die unbedingt Wirtschaftswachstum brauchen, ohne das sie Gefahr laufen, Bankrott zu machen (Sarkar 2001, 363).

Doch wenn nicht in der Theorie, so sind doch die Ansichten dieser beiden Autoren zu diesem Thema in der Praxis nicht unversöhnlich. Schließlich meint Foster nicht, dass die „ökologische Arbeiterklasse" ihre Ziele erreichen könnte, ohne Bündnisse mit anderen Gruppen zu schließen, auch mit UmweltaktivistInnen. Vielleicht könnte Foster dann Sarkar darin zustimmen, dass die ökologische Revolution aus den Reihen aller „Engagierten" hervorgehen wird! Jedenfalls scheint mir, dass es grundlegendere Differenzen hinsichtlich des Wesens und der Ziele der Revolution und nicht so sehr hinsichtlich ihrer Akteure gibt.

10 Schlussfolgerung

Diese kritische Auseinandersetzung hat Gebiete größerer Divergenzen hinsichtlich einer Reihe von kritischen Themen zwischen zwei führenden ökosozialistischen Theoretikern erkundet, nämlich zwischen Saral Sarkar und John Bellamy Foster. Wie vielleicht im Verlauf dieser Darstellung deutlich geworden ist, weisen meine eigenen Ansichten – und ich vermute die aller Befürworter von Einfachheit allgemein – mehr Nähe zu Sarkars Positionen als zu denen Fosters auf. Doch wo es mir angemessen schien, habe ich zu den Gedanken beider kritische Überlegungen angestellt. Hoffentlich ist klar geworden, dass Ökosozialismus keine starre, intransigente Lehre ist, sondern ein bedeutender und in sich differenzierter Komplex von Gedanken, der es, wenn er auch in ökologischen Kreisen oft an den Rand gedrängt wird, verdient, innerhalb unserer Bewegungen in Erwägung gezogen und debattiert zu werden, da wir um einen Ausweg aus der ökologischen Krise und um eine bessere Zukunft kämpfen.

Literatur

Adler, Frank (2022), Wachstum Postwachstum Degrowth. Wegweiser aus der (kapitalistischen) Zivilisationskrise, München.

Ahmed, Nafeez (Hg.) (2014), Nasa-Funded Study: Industrial Civilisation Headed for „irreversible Collapse"? http://www.theguardian.com/environment/earth-insight/2014/mar/14/nasa-civilisation-irreversible-collapse-study-scientists/.

Ahmed, Naafez (2017), Failing States, Collapsing Systems, Heidelberg.

Alexander, Samuel (2011), The Sufficiency Economy. Envisioning a Prosperous Way Down (Simplicity Institute Report, 12). http://simplicityinstitute.org/wp-content/uploads/2011/04/TheSufficiencyEconomy3.pdf.

Bandyopadhyay, Jayanta / Shiva, Vandana (1989), Political Economy of Ecology Movements, in: Ifda dossier 71, Mai/Juni.

Bardi, Ugo (2016), But what's the REAL energy return of photovoltaic energy?, in: Cassandra's Legacy. http./cassandraslegacy.blogspot.de/2016705/but-whats-real-energy-return-of.html.

Benjamin, Walter (1991), Gesammelte Schriften, Bde. 1-7, Frankfurt a. M.

Benton, Ted (1989), Marxism and Natural Limits. An Ecological Critique and Reconstruction, in: New Left Review 1/178, Nov. – Dez. 1989.

Bookchin, Murray (1969), Listen Marxist! https://www.marxists.org/archive/bookchin/1969/listen-marxist.htm.

Brown, Lester et al. (1984), State of the World 1984, New York.

Capellán-Pérez, Iñigo / Castro, Carlos de / Arto, Iñaki (2017), Assessing Vulnerabilities and Limits in the Transition to Renewable Energies. Land Requirements under 100 % Solar Energy Scenarios, in: Renewable and Sustainable Energy Review 77 (2017), 760-782.

Chattopadhyay, Paresh (2014), A Brief Note on Subrata Bagchi's write up „Che Guevara", in: Frontier, 14. 7.2014.

Clark, Brett / Foster, John Bellamy (2016), Marx' Ecology and the Left, in: Monthly Review 68/2 (Juni). http://monthlyreview.org/2016/06/01/marxs-ecology-and-the-left.

Clark, Brett / Foster, John Bellamy / York, Richard (2010), The Ecological Rift. Capitalism's war on the Earth, New York.

Commoner, Barry (1992), Making Peace With the Planet, New York.

Diesendorf, Mark (2017a), Response to Saral Sarkar, Nr. 1: Insurge Intelligence. https://medium.com/@markdiesendorf/i-agree-with-saral-sarkar-that-people-who-care-about-the-future-of-the-planet-and-human-society-79df19ded780.

Diesendorf, Mark (2017b), Response to Saral Sarkar, Nr. 2: Insurge Intelligence. https://medium.com/@markdiesendorf/sarals-notion-that-human-industrial-society-cannot-operate-entirely-on-renewable-energy-because-32567422f2c5.

Ecologise (2017), Marxism, ecology, and the Anthropocene. A debate, 26th March 2017. http://www.ecologise.in/2017/03/26/expropriation-earth-response-saral-sarkar/.

Enzensberger, Hans-Magnus (1973), Zur Kritik der politischen Ökologie, in: Kursbuch 33 (1973), 1-42.

Fisher, Steb (2013), Our sustainability crisis didn't start and doesn't stop at climate change, in: The Conversation, 9. September 2013. https://theconversation.com/our-sustainability-crisis-didnt-start-and-doesnt-stop-at-climate-change-17471.

Floyd, Joshua (2015), The energy costs of energy transition. Model refinements and further learning, in: Beyond this Brief Anomaly, 10. Dezember 2015. https://beyondthisbriefanomaly.org/2015/12/10/the-energy-costs-of-energy-transition-model-refinements-and-further-learning/.

Foster, John Bellamy (1998), Malthus' Essay on Population at Age 2000. A Marxist View, in: Monthly Review 50/7 (Dezember). https://monthlyreview.org/1998/12/01/malthus-essay-on-population-at-age-200/.

Foster, John Bellamy (2011), Capitalism and Degrowth. An Impossibility Theorem, in: Monthly Review 62/8 (Januar).

Foster, John Bellamy (2013), The Fossil Fuels War, in: Monthly Review 65/4 (September). https://monthlyreview.org/2013/09/01/fossil-fuels-war/.

Foster, John Bellamy (2016), In Defense of Ecological Marxism. John Bellamy Foster responds to a critic. Climate & Capitalism Website, 6. Juni 2016. http://climateandcapitalism.com/2016/06/06/in-defense-of-ecological-marxism-john-bellamy-foster-responds-to-a-critic/.

Foster, John Bellamy (2017), A Resistance Movement for the planet – Full Interview, in: Left Voice. https://leftvoice.org/A-Resistance-Movement-for--the-Planet-Full-Interview.

Foster, John Bellamy (2018), The seeds of revolt are present in many places: An interview with John Bellamy Foster, in: Frontline Magazine, 19. Januar 2018. http://www.frontline.in/politics/the-seeds-of-revolt-are-present-in-many-places.

Foster, John Bellamy / Yates, Michael (2017), Notes from the Editors, in: Monthly Review, 69/4 (September 2017.

Fotopoulos, Takis (2005), The Multidimensional Crisis and Inclusive Democracy, in: The International Journal of Inclusive Democracy Publication, 5. https://www.inclusivedemocracy.org/journal/ss/ch5.htm.

Fridley, David (2022), Why did everyone stop talking about Population & Immigration?, in: Energy Skeptic, 31. Juli 2017. https://energyskeptic.com/2022/why-are-population-immigration-taboo-topics/.

Fromm, Erich (1976), Haben oder Sein. Die seelischen Grundlagen einer neuen Gesellschaft, Stuttgart.

Fukuyama, Francis (2022), Das Ende der Geschichte, Hamburg.

Georgescu-Roegen, Nicholas (1971), The Entropy Law and the Economic Process, Cambridge.

Georgescu-Roegen, Nicholas (1978), Technology Assessment. The Case of the Direct Use of Solar Energy, in: Atlantic Economic Journal, Bd. 6, 15-21.

Gilding, Paul (2016): Forward to Silk, Ezra, in: Salamon 2016.

Gutowski, Timothy / Cooper, Daniel / Sahni, Sahil (2017), Why we use more materials. https://doi.org/10.1098/rsta.2016.0368.

Hardin, Garrett (1974), Lifeboat Ethics – The Case Against Helping the Poor, in: Psychology Today, September 1974.

Hartmann, Betsy (1987), A Review of Reproductive Rights and Wrongs – The Global Politics of Population Control and Contraceptive Choice, New York.

Heinberg, Richard (2004), The Party's Over. Das Ende der Ölvorräte und die Zukunft der industrialisierten Welt, München.

Heinberg, Richard (2016), Exploring the Gap Between Business-As-Usual and Utter Doom. http://www.countercurrents.org/2016/09/21/exploring-the-gap-between-business-as-usual-and-utter-doom/.

Heinberg, Richard / Fridley, David (2016), Our Renewable Future: http://ourrenewablefurute.org/.

Hickel, Jason (2016), Time for degrowth. To save the planet, we must shrink the economy, in: The Conversation, 23. August 2016. https://theconversation.com/time-for-degrowth-to-save-the-planet-we-must-shrink-the-economy-64195.

Higgs, Kerryn (2014), Collision Course, Cambridge.

Jevons, Stanley (2022 [1865]), The Coal Question. An Inquiry Concerning the Progress of the Nation and the Probable Exhaustion of Our Coal Mines, London.

Kallis, Giorgos (2017), Socialism without Growth, in: Capitalism, Nature, Socialism: DOI: 10.1080/10455752.2017.1386695.

Kern, Bruno (2024), Industrielle Abrüstung jetzt! Abschied von den Technik-Illusionen, Marburg.

Kern, Bruno (^{2}2020), Das Märchen vom grünen Wachstum. Plädoyer für eine solidarische und nachhaltige Gesellschaft, Zürich.

King, Carey W. (2017), Delusions of grandeur in Building a low-carbon future, in: Earth Magazine. https://www.earthmagazine.org/article/delusions-grandeur-building-low-carbon-future.

King, Maurice (1990), Health is a Sustainable State, in: The Lancet 8716 (1990), 664-667.

Kolakowski, Leszek ([2]1981), Hauptströmungen des Marxismus, Bde. 1-3, München.

Kuhn, Thomas ([2]1976), Die Struktur wissenschaftlicher Revolutionen, Frankfurt a. M.

Leahy, Terry (2017), Radical Reformism and the Marxist Critique, in: Capitalism, Nature, Socialism. DOI: 10.1080/10455752.2017.1293116.

Lovelock, James (1987), Gaia – A New Look at Life on Earth, Oxford.

Löwy, Michael (2017), Marx, Engels, and Ecology, in: Capitalism, Nature, Socialism: DOI: 10.1080/10455752.2017.1313377.

Mamdani, Mahmood (1972), The Myth of Population Control, New York.

Marx, Karl / Engels, Friedrich (1956 ff), Werke (hrsg. vom Institut für Marxismus-Leninismus beim ZK der SED), Bde. 1-40, Berlin (zitiert als MEW mit entsprechender Band- und Seitenzahl).

Material Flows (2016), Vienna University of Economics and Business – Institute for Ecological Economics. https://www.materiallows.net/materialflowsnet/trends/analyses-1980-2013/global-material-extraction-by-material-category-1980-2013/

McKibben, Bill (1992), Das Ende der Natur, München.

McKibben, Bill (2016), A World at War. http://forumliberation, blogspot.de/2016/08/2418-bill-mckibben-world-at-war.html.

Meadows, Dennis et al. (1972), Die Grenzen des Wachstums. Bericht des Club of Rome zur Lage der Menschheit, Reinbek.

Meadows, Donella / Meadows, Dennis / Randers, Jørgen (1992), Die neuen Grenzen des Wachstums, Stuttgart.

Meek, Ronald L. (1971), Marx and Engels on the Population Bomb, Berkeley.

Moriarty, Patrick / Honnery, Damon (2016), Can Renewable Energy Power the Future?, in: Energy Policy 93 (2016), 3-7.

Nayeri, Kamran (2016), Making Progress. A Critical Assessment of Climate Action Plans by Bill McKibben and The Climate Mobilization. http://knayeri.blogspot.com/2018/03/making-progress-critical-assessment-of.html.

Pattberg, Ursula (1992), Fallbeispiel Thailand – verfehlte Ressourcenpolitik, in: Informationsbrief Weltwirtschaft und Entwicklung, 29. Juni 1992.

Perelman, Michael (1993), Marx and ressource scarcity, in: Capitalism, Nature, Socialism. https://doi.org/10.1080/10455759309358544.

Raugei, Marco et al. (2017), Energy Return on Energy Invested (ERoEI) for photovoltaic solar systems in regions of moderate insolation. A comprehensive response, in: Energy Policy 102 (2017), 377-384.

Rifkin, Jeremy (1985), Entropie. Ein neues Weltbild, Frankfurt a. M.

Roberts, David (2016), Climate Justice Policy and the Metaphor of War. http://forhumanliberation.blogspot.de/2016/08/2419-climate-justice-policy-and.html.

Sadik, Nafis (1990), The State of World Population 1990, New York.

Salamon, Margaret Klein (2016): The Climate Mobilization Action Program. Victory Plan. http://forhumanliberation.blogspot.de/2016/08/2417-climate-mobilization-action.html.

Sarkar, Saral (2001), Die nachhaltige Gesellschaft. Eine kritische Analyse der Systemalternativen, Zürich.

Sarkar, Saral (2010), Die Krisen des Kapitalismus. Eine andere Studie der politischen Ökonomie, Neu-Ulm.

Sarkar, Saral (2017), How clean is „clean energy“? Renewables cannot solve the global crisis, Insurgence Intelligence. https://medium.com/insurgence.intelligence/howclean-is-clean-energy-why-renewables-cannot-solve-the-global-crisis-10205baeb781.

Sarkar, Saral (2023), Eco-Socialism or „Green" Capitalism? Explanations, Elaborations, and Interventions (Collected Writings of Saral Sarkar), 2 Bde., Norderstedt.

Schneider, François / Kallis, Giorgos / Martinez-Alier, Joan (2010), Crisis or opportunity? Economic degrowth for social equity and ecological sustainability, in: Journal of Cleaner Production 18/6 (2010), 511-518.

Schumacher, Ernst Friedrich (1973), Small is beautifull. An Essay, in: The Radical Humanist, 37/5.

Schumacher, Ernst Friedrich ([2]2019), Small is beautifull. Die Rückkehr zum menschlichen Maß, München.

Schumpeter, Joseph A. ([9]1997), Theorie der wirtschaftlichen Entwicklung. Eine Untersuchung über Unternehmergewinn, Kapital, Kredit, Zins und den Konjunkturzyklus, Berlin.

Schumpeter, Joseph A. ([9]2018), Kapitalismus, Sozialismus und Demokratie, Tübingen.

Simon, Gabriele (1991), Wie viel ist zu viel?, in: blätter des iz3W, November 1991.

Sinn, Hans-Werner (2017), Buffering volatility: A study on the limits of Germany's energy revolution, in: European Economic Review 99 (2017), 130-150.

Smith, Richard (2010), Beyond growth or beyond capitalism?, in: Real-World-Economics Review 53 (2010), 28-42.

Smith, Richard (2017), Climate Crisis and Managed Deindustrialization. Debating Alternatives to Ecological Collapse, in: Common Dreams, 21. November 2017. https://www.commondreams.org/views/2017/11/21/climate-crisis-and-managed-deindustrialization-debating-alternatives-ecological.

Stiftung Entwicklung und Frieden (1991), Global Trends 1991, Bonn.

Sweezy, Paul (1959), Theorie der kapitalistischen Entwicklung. Eine analytische Studie über die Prinzipien der Marxschen Ökonomie, Köln.

The Guardian (2016), Richard Di Natale says Greens group that wants end to capitalism does not represent party. https://www.theguardian.com/australia-news/2016/dec/22/richard-di-natale-says-greens-group-that-wants-end-to-capitalism-does-not-represent-party.

Toynbee, Arnold J. (1934-1954), A Study of History, Bde. 1-12, London.

Trainer, F. E. (1985), Abandon Affluence!, London.

Trainer, Ted (2010), The Transition to a Just and Sustainable World, Canterbury.

Trainer, Ted (2014), Relax! Solar energy can save us. Krugman says so (unveröffentlicht).

Trainer, Ted (2017a), The Transition Process. The Simpler Way Perspective. http://www.thesimplerway.info/TRANSITION.htm.

Trainer, Ted (2017b), Can renewables meet total Australian energy demand? A „disaggregated" approach, in: Energy Policy: www.thesimplerway.info/CanRE.htm.

Tverberg, Gail (2017a), The Depression of the 1930s Was an Energy Crisis, in: Our Finite World, 19. Dezember 2017. https://ourfiniteworld.com/2017/12/19/the-depression-of-the-1930s-was-an-energy-crisis/.

Tverberg, Gail (2017b), Researchers have been underestimating the cost of wind and solar, in: Our Finite World, 22. Juli 2017. https://ourfiniteworld.com/2017/07/22/researchers-have-been-underestimating-the-cost-of-wind-and-solar/.

Wallace-Wells, David (2019), The Uninhabitable Earth, New York.

Weißbach, Daniel et al. (2013), Energy intensities, EROIs (energy return on invested), and energy payback times of electricity generating power plants, in: Energy 52 (2013), 2010-2021.

Weissman, Steve (1971), Foreword, in: Meek, Ronald L. (1971), Marx and Engels on the Population Bomb, Berkeley.

Wiesenthal, Helmut (2013), Der Solarstrom – Lackmustest grüner Energiepolitik, in: Böll Thema – Es grünt, Berlin, Nr.1

Wöhlcke, Manfred (1996): Soziale Entropie. Die Zivilisation und der Weg allen Fleisches, München.

WWF (2014), Critical Materials for the Transition to a Sustainable Energy Future, Gland.

Personenregister

Bruno Kern

Industrielle Abrüstung jetzt!

Abschied von
der Technik-Illusion

211 S., ISBN 978-3-7316-1563-7

- ▶ Printausgabe 10,00 €
- ▶ eBook 8,20 €
(www.metropolis-verlag.de)

„System change" kann man allenthalben auf den Demos der Klimagerechtigkeitsbewegung hören. Das vorliegende Buch zeigt auf, worin dieser Systemwandel bestehen müsste. Pointiert und mit guten Argumenten macht der Autor deutlich, dass nicht nur der Kapitalismus, sondern auch die Industriegesellschaft, wie wir sie kennen, zur Disposition steht. Es geht nicht bloß um einen schnelleren Ausbau erneuerbarer Energien und eine andere Infrastruktur. Eine ökologisch nachhaltige Wirtschaft wird unter dem Strich mit wesentlich weniger Nettoenergie und wesentlich weniger Rohstoffen auskommen müssen. Die Herausforderung für uns lautet: Wie gestalten wir eine solidarische Gesellschaft auf einer deutlich schmaleren materiellen Basis?

Der Autor zeigt detailliert auf, dass der Ökostrom bei Weitem nicht reicht, dass er das, was uns jetzt noch auf fossiler Basis zur Verfügung steht, keineswegs substituieren kann. Technische Lösungen, die mit immer mehr Aufwand an Ressourcen einen Ausweg aus unserem Dilemma versprechen (Kernfusion, CO_2-Verpressung, Geo-engineering) entlarvt der Autor als Sackgassen. Ein geplanter Schrumpfungsprozess ist der einzige Ausweg aus der Klimakatastrophe. Angesichts dieser Herausforderung müssen aber rein marktkonforme Instrumente wie Ökosteuern oder Emissionshandel versagen. Der Autor gibt Hinweise auf rasch umzusetzende ordnungspolitische Maßnahmen der „industriellen Abrüstung", auf die es jetzt ankäme. Und er zeigt, wie man das so gestalten kann, dass niemand um seine materielle Existenz bangen muss und dass es gerecht dabei zugeht.